早稲田社会学ブックレット

［社会学のポテンシャル　6］

山田真茂留

非日常性の社会学

学　文　社

はじめに

生きていくうえで大事な支えとなっているもの、それがないと生活に張りがなくなってしまうように思われるもの、生活の中で一番大切なもの、こうしたものは何かと、ある程度深く、でもそれほど厳密にではなく考えてみよう。するとそこには、価値観や趣味やボランティア活動などといった「文化」的な事柄、家族・学校・仲間集団・会社などといった「集合体」絡みの存在、友人・恋人といった「関係性」それ自体、そして人格・姿・形などに表象される「自分自身」の、だいたい四種類が挙げられることになるのではなかろうか。

このうち、「自分自身」が拠り所というナルシシズムは、自己撞着に過ぎず、不安定なものに留まる。これに対して他の三つは、主体からの有意な懸隔が保たれるかぎり、当人の日常生活を深いところから支えることが可能だ。そして、とくにそれらが非日常的な光彩を発する際、日常性を活性化する力は絶大なものとなろう。例えば、芸術作品の素晴らしさに触れて魂の震撼を覚えるとき、仲間で一体となって難事業を何とかやり遂げたとき、あるいは他者の態度や振る舞いに何ものにも代えがたい崇高さを認めたとき、人は非日常的な意味空間へと一気に飛翔し、そこにおいて自らを超越する観念や存在の凄みに打たれ、そして再び舞い降りた先の日常生活世界を新たな気分で眺めることとなるにちがいない。非日常性は日常性を維持・刷新する要と言えよう。

だが現代社会において、この非日常性を有意なものとして保つのは、実に難しい。今日では合理的なロジックによる強力な駆動が効いているため、「文化」にせよ「集合体」にせよ「関係性」にせよ、その多くは日常性の平面に張りつきがちになった。が、それを嫌って非日常的な体験をひたすら追い求めたとしても、今度はそれ自体が日常的な嗜癖と化してしまう危険性が伏在している。非日常性は人工的に得ようとしてすぐに得られるものではないのである。

が、それでもなお、いやそうした状況であればなおさら、非日常性はいっそう貴重なものとしてわれわれの前に立ち現れる。では、非日常性はそもそもどのような形で存立し、また個人と社会にとっていかなる意味を持っているのであろうか。そして、それは近代化によってどのように変容し、現在どういった状態にあるのであろうか。本書では非日常性について原理的な探究を行っていくことにしよう。

二〇一〇年九月

著　者

目次

第一章

聖俗理論の系譜

日々繰り返される当たり前の出来事としての日常性。非日常性は、この日常性との対比のもとでしか語ることができない。非日常性は、時間的には稀にしか生起せず、また空間的にもきわめて限定されたところにだけ存在する。そして、非日常性は日常性に比して共有性に乏しいという見方もある。では、非日常性は社会学的に見て重要な現象とは言えないのであろうか。

けっしてそうではない。日常性もまた、主として非日常性との対比において存在する。日常性という認識が際立つのは、非日常性という観念が同時にあるからこそのことにほかならない。また、日常生活が非日常的な体験の数々によって活性化されるというのは、多くの人々が実感しているところであろう。しかもそうした非日常性の中に純粋に個人的なものは実はそう多くはなく、むしろ高度の社会性を備えたものも少なくない。そこで、非日常性の社会学を展開するにあたり、まずは共有性・社会性のそれなりに高い非日常性について探究してきた聖俗理論の系譜をひもといてみよう。

一 聖俗理論

社会学的な聖俗理論の代表格はエミール・デュルケムである。デュルケムは宗教の本質を聖俗の区分と教会の存在の二つに求め、次のような宗教の定義に達した。「宗教とは、聖物すなわち分離され禁止された事物と関連する信念と行事との連帯的な体系、教会と呼ばれる同じ道徳的共同社会に、これに帰依するすべての者を結合させる信念と行事である」。「世界を一つはあらゆる聖なるもの、他はあらゆる俗なるものを含む二領域に区別すること、これが宗教思想の著しい特徴」であって、「聖と俗とは、常にいたるところで、異なる綱、互いに何も共通的なものをもたない二つの世界である、と人間精神は考えているのである」（デュルケム 一九一一 訳〈上〉七二、七四、八六―八七）。

こうして聖と俗との二分法を宗教における根源的なものと見なしたデュルケムは、聖なるものの有する社会統合機能に注目する宗教社会学を展開した。彼によれば「普通の日々、精神のもっとも大きな場を占めているのは功利的な個人的な配慮」

社会統合
社会を構成する諸要素の間の関係が整っている状態。一般的には、諸個人の利害対立が適度に調整されており、人々の関係が全体的に良好であること。

であり、宗教的祭儀はこの私的配慮を抑え集合体を活性化する力を備えている。そしてまさにこの宗教的祭儀を通じた集合的革新によって、日常的な闘争のために消耗したエネルギーが再び充填されることになる。「人が持続するのは聖なる存在によって」なのだ（同訳〈下〉二〇五、一九四）。

一方、宗教学者ミルチャ・エリアーデの聖俗理論においても、「聖なるものの定義はまずそれが俗なるものの対照を成すということに始まる」のであり、また「聖なるものとは力であり、究極的にはとりも直さず実在そのものを意味する」とされている。エリアーデの理論において、「世界は、俗なる空間の均質性・相対性の〈混沌〉の中には決して成立しない」のであり、カオスの状態をコスモス化することによって成立する「〈世界〉（すなわち〈われらの世界〉）とは、その中に聖なるものがすでに顕現している宇宙」なのである（エリアーデ一九五七訳三、五、一四、二二）。

このように社会学と宗教学をそれぞれ代表する聖俗理論を見てみると、双方に共通する特徴として、聖と俗との区分が宗教ないし人々の生き方において決定的なものと見なされている点が挙げられよう。人間や社会のあり方をあまりに聖の方へ引きつけて把握すれば、それは思弁的で神学的な議論に留まるであろうし、また俗の方に過剰に引きつけると、それは法や経済の領域における合理性の議論に終始してしまう。そうではなくこの世界を聖と俗との総体として捉えようとしたところに、彼らの議論の意義を認めることができる。彼らは二人とも、聖なるものを単なる観念ではなく実体として重視したうえで、聖と俗との関係性をバランスよく吟味していったのである。

ただし彼らは、日常世界の捉え方が微妙に違ってもいる。デュルケムにおいて維持されるべき日常の世界は、あくまでも俗なる世界であった。これに対してエリアーデの言う〈われらの世界〉とは、聖なるものが既に顕現した世界だ。つまりわれわれに臨在するこの世界を聖俗世界として捉えるか、それとも聖なるものと見なすかの違いである。もちろんエリアーデにしても聖なるもののみに関わる思弁的・神学的な域からは脱しており、聖なる人間にとっての空間体験と俗なる人間にとってのそれとの対比などを試みているわけだが、しかし究極的には「完全に俗なる生存というものは存在しない」と言明している点にも注意しておかねばなるまい（同訳一五）。ここにはエリアーデ自身のうちに脈打つキリスト教の伝統の大きさを見ることができよう。

が、こうした違いはあるものの、デュルケムとエリアーデはともに、聖なるものが世界の創造・維持や社会の統合に貢献すると考えていた。彼らの議論において忌避されるべきはカオス（混沌）にほかならない。カオスの中では社会統合は果たされないし、それ以前に生そのものが難しくなる。そして聖なるものは、このカオスから人々を防禦する重要な存在とされているのである。

この見方は、聖なるものの重要な働きを見極める意義を持つ。しかしながらここにおいて、聖にしても俗にしても秩序あるものとして想定されており、カオスそれ自体についての独自の議論はほとんどなされていない。その意味でデュルケムとエリアーデが探究したのは、聖と俗が織りなす二元的な世界に留まる。彼らの議論においてカオスは、主として聖や俗を攪乱したり破壊したりする外的な存在に過ぎなかった。

二　カオス・コスモス・ノモス図式

聖と俗に乱を加えた言わば三元論的な議論を展開したのは、ピーター・バーガーである。バーガーは社会学的な聖俗理論と宗教学的なそれとの接合を図りながら、カオスの定式化を試みた。バーガーは独自のカオス・コスモス・ノモス図式において、ノモス（規範秩序）なるものを、狂気や死などのカオスに呑み込まれる危険を有する領域として設定している。「社会的に想定されたすべての現実は、潜在する〈非現実〉によって脅かされ続ける」（バーガー　一九六七　訳三五）。けれども強力な

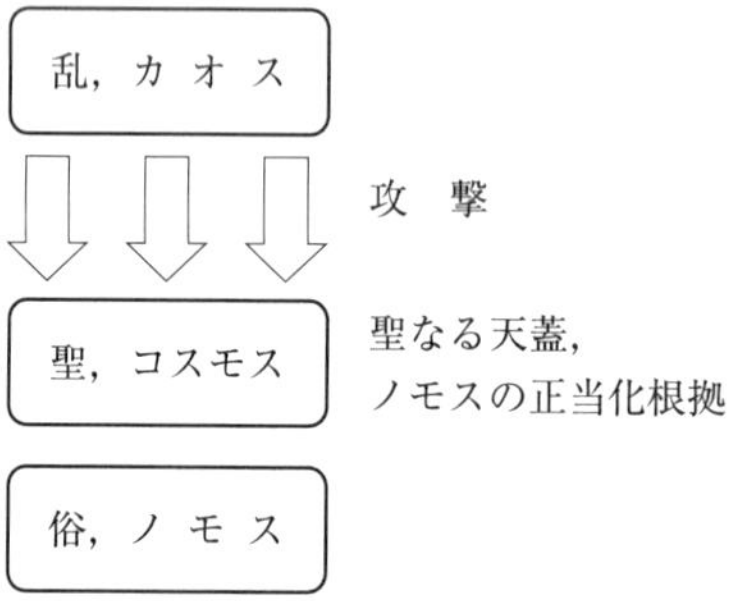

図1　カオス・コスモス・ノモス三元論

実在としてのコスモスがあるため、人間の生活は豊かな意味秩序の中に位置づけられることになる。つまり図1に示すように、コスモス（聖）は、カオス（乱）の攻撃からノモス（俗）を守るのである。

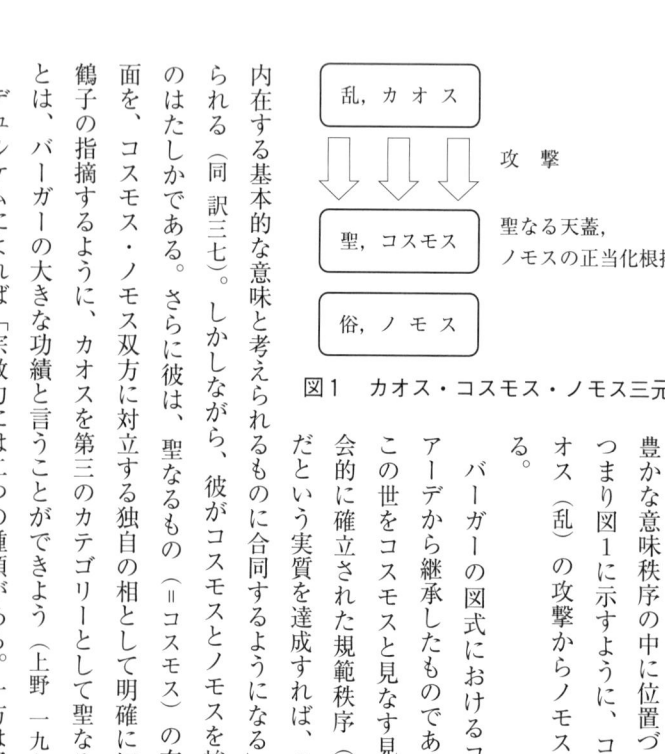

バーガーの図式におけるコスモス概念はエリアーデから継承したものであるため、彼の中にもこの世をコスモスと見なす見方が若干あり、「社会的に確立された規範秩序（ノモス）が当たり前だという実質を達成すれば、その意味が、宇宙に内在する基本的な意味と考えられるものに合同するようになる」といった言述も見られる（同　訳三七）。しかしながら、彼がコスモスとノモスを峻別していたというのはたしかである。さらに彼は、聖なるもの（＝コスモス）の有するカオス的な側面を、コスモス・ノモス双方に対立する独自の相として明確に切り出した。上野千鶴子の指摘するように、カオスを第三のカテゴリーとして聖なるものと峻別したことは、バーガーの大きな功績と言うことができよう（上野　一九七七）。

デュルケムによれば「宗教力には二つの種類がある。一方は好意的なものであって、物理的および道徳的序列の保護者、生命・健康・人間が尊敬するあらゆる物質の給与者である」。そして「他方には、また、無秩序の産みの親であり、死や病気の原因であり、瀆聖の教唆者である、不浄な悪い威力が存在して」おり、この二つはともに俗的な存在にとって禁忌の対象となる（デュルケム 一九一二 訳〈下〉三一〇―三一二）。宗教的祭儀においてはこの二つがともに顕現することがしばしばあるが、それはまさにこの聖なるものの両義性（ambiguïté）を示していよう。聖なるものには秩序を維持する働きとともに体制を批判する力があるというのも、同様の両義性と言うことができるが、こうした機能面での複雑性を解明するためにも、コスモスとカオスとを分析的に区別することは重要な営みとなるわけである。

こうしてバーガーはカオスを聖なるものの中から弁別し、これを第三のカテゴリーとして措定したわけだが、彼がカオスの領域に見いだした意味は、デュルケムやエリアーデと同様、コスモスやノモスを攻撃してくる言わば悪の力であった。ここでカオスは、専ら忌避されるべきものとしてしか扱われない。これに対して、カオスこそ根源的なものだとして、それに積極的な意味を見いだしていこうとする議論もある。例えば竹内芳郎は、世界の創造の前にはカオスがあるということ、すなわちカオスはコスモスに先行するということを強調し、コスモスを活性化することができるのはカオスだけだと説いた（竹内 一九八一）。彼によれば、始源的なカオスというものがあり、それがときとしてケガレとして顕れたりハレとして顕れたりする。所産的コスモスとしての俗が生き生きとして自律性を保っているとき、カオスはケガレとして顕れるが、俗が干からびている際、それはハレとして顕現するというわけだ。デュルケムにおける聖の両義性は、竹内においては乱の両義性として捉えられている。

そしてカオスの本源性を強調する竹内は、聖と俗とをともにコスモスと見なした。世界の創造・再創造を行うのが能産的コスモスとしての聖であり、既成世界の維持にあたるのが所産的コスモスとしての俗である、というのが彼の見方にほかならない。ここで能産的コスモスはバーガーの言うコスモスに、また所産的コスモスはノモスにそれぞれ対応しているわけだが、神や人間によって創出された文化の世界のいずれをもコスモスと言い切る竹内の議論はエリアーデやバーガーの見解と一脈通じるところがあると言えよう。竹内とエリアーデ、バーガーが決定的に袂を別っているのは、文化の本源をどこに求めるかである。コスモスの方が一義的に大事なのか、それともカオスこそが本源的なのか……。竹内は言う。「文化とカオス（非文化）との対立において、文化はこの対立の一方の（正の）項であるかに見えながら、ほんとうはこの対立の両項全体であるはずなのだ」（同 二八一）。文化的な現象の総体をカオスとコスモスとの弁証法として捉え、しかもこのうちカオスにとりわけ根源的な力を認めた竹内の議論は、相当に革新的なものと言うことができよう。

従来の聖俗理論は、聖（コスモス）や俗（ノモス）を肯定的なものとして把握し、その文脈の中で宗教ないし文化一般の有する醜悪な部分を捨象したうえで、その醜悪さを専らカオスの方に押しつけてきた。しかしキリスト教の名の下に行われた中南米侵略における大虐殺などを見るまでもなく、聖なるものに潜む邪悪さは避けて通れない大問題にちがいない。またこれとは逆に、カオスのうちに邪悪ではない、むしろ崇高な要素を見つけることも可能だろう。つまり、聖なるものが両義的であるとともに乱の方にも両義性が認められるのである。

カオスに積極的な意味を見いだす代表格としては、他にもヴィクター・ターナーや山口昌男らを挙げることができるが（ターナー 一九六九、山口 一九七五）、こうした革新的な議論が出てきた背景には、大きく世俗化のさらなる進展という現象が控えていると言って間違いはないだろう。神学的な世界観の信憑性が高かったとき、関心は専ら聖なるコスモスのみに向けられていた。これに対して世俗化が生起すれば、脚光は自ずと俗の方にも当てられるようになる。けれども世俗化の初期段階においては、聖なる世界の力がまだ強大だったため、聖と俗との関係性は主題化されたものの、聖なる秩序や俗なる秩序を超えた――あるいはそれらの奥底に潜む――カオスにまで積極的な視線が向けられることはあまりなかった。ところが世俗化がさらに進行すると、コスモスとは程遠い、あるいは秩序からそれなりに懸隔のある世界への関心が顕在化するに至る。そしてその結果、カオスについての議論が活発になされるようになったわけである。

三 聖・俗・遊・乱モデル

こうして単純な聖俗二元論から脱し、カオスの意義を積極的に認めることによって、現実の多元性についての理解はより深いものとなっていく。ただし、世俗化のさらなる進展によって導かれた聖・俗以外の領域への着目は、何もコスモス・ノモス・カオス（聖・俗・乱）の三元論のみに結実するものではない。他に重要な領域として「遊」がある。遊びとは功利的な目標を持たない、言わば無用のものであり、それは日常的で真面目なものとの対比においてのみ浮かび上がるものだ、というヨーハン・ホイジンガの見解を継承したロジェ・カイヨワは、ホイジンガによる聖なるものと遊びとの同一視には与することなく、独自の聖・俗・遊モデルを展開した（カイヨワ 一九五八）。カイヨワによれば、俗なる世界から隔離されているという点では聖も遊も同様だが、人は聖⇓俗⇓遊と移行するにつれて、よりリラックスすることになる。つまりこの三つにはハイアラーキーがあり、聖よりも俗の方に、

準拠集団　諸個人が行動のモデルないし比較の準拠点として用いる集団のこと。所属集団と一致するとはかぎらない。

そして俗よりも遊の方により大きな自由を認めることが可能だ。

この自由度の増大に関するカイヨワの議論には若干の疑義も呈しうる。なぜなら、宗教的祭儀において人は、聖なるものの威力や集団の圧力によって窮屈な思いをするだけでなく、(共同)主観的に大きな自由を感得する可能性もあるからである。また、個人的・私的にリラックスした状況の中で、人はいつも自由であるとはかぎらない。集団的・組織的な圧力から逃れてホッとした気分になったのも束の間、人は遊んでばかりいることに倦んだり、あるいは準拠集団を見失ったことで不安を感じたりし、その結果不自由な思いをすることもあろう。さらに、精神の緊張—弛緩という観点から見たとき、聖なる領域において精神が最も緊張していると言い切ることはできない。宗教的儀礼での熱狂、日々の仕事への没入、ゲームでの熱中など、聖・俗・遊いずれにおいても同様に緊張度の高い状態を見ることができるからだ。

しかし、このような問題があるとは言え、カイヨワによる遊領域の定式化が、前述した乱領域の定式化と同様の大きな意義を有しているというのは間違いない。デュルケムの議論した聖の両義性には、先に見た聖—乱タイプのものの他に、聖—遊タイプのものがある(デュルケム　一九一二　訳〈下〉二五三—二六三)。デュルケムにおいては宗教の中に垣間見えていた娯楽的・美学的要素を一つの独自の世界として抽出し、集団を支えるのが聖であるのに対して文化を支えるのは遊だと説いて遊に固有の役割を見いだしたカイヨワは、聖俗理論の流れを大きく一歩前へ進めることとなった。

さて、こうして聖・俗だけでなく乱・遊といった領域が重要な多元的世界として析出されるようになったわけだが、これらの議論を踏まえたうえで、その全体を「象徴的世界の四極構造モデル」として捉えたのが木村洋二である（木村　一九八三八五―一五二）。木村は、人間の象徴体験には聖・俗・遊・乱の四つの次元が存在し、各次元はいずれかが増大・強化すれば少なくとも他の一つが減少・弱化する、という仮説に基づいて、人生行路や世界再生などについての深い洞察を行った。彼の議論には、なぜ聖・俗・遊・乱の四極なのか（どうしてそれより多くも少なくもないのか）についての根拠が明確には示されていない。青井和夫や吉田民人といった日本の研究者たちは他に空なる領域を重視する議論を展開してきたが、この空領域が入っていないことに物足りなさを覚える人もいるだろう。

しかしながら、聖・俗に遊・乱を加えたことで議論の幅が格段に拡がったというのは間違いない。六つの両極直線型世界構造（聖―俗、遊―俗、乱―俗、聖―乱、聖―遊、乱―遊）と四つの三極平面型世界構造（聖―俗―乱、聖―俗―遊、俗―遊―乱、聖―遊―乱）を析出した木村の四極構造モデルは、分析性の高さにおいて注目に値しよう。木村は、聖―俗―乱の三極構造のようなものを聖―俗二元論に切り詰めてしまうと、聖の両義性のような様々な混同・混乱が生じるとして、四極構造モデルの有効性を主張した。聖の両義性を単純に論理の混乱と見なしてよいものかどうか、その評価の是非はともかくとして、四極構造モデルのように高い次元のモデルを設定することが次元の低い世界の理解に役立つというのはたしかだろう。つまり、高次のモデルを用いることで、現象のより分析的な把握が可能となるのである。

＊　＊　＊

以上、われわれは〈聖・俗〉二元論から〈聖・俗・乱〉論、〈聖・俗・遊〉論、〈聖・俗・遊・乱〉論と展開してきた聖俗理論の系譜を辿ってみた。その途上、聖なるものの中にコスモス的なものとカオス的なものとがあるという聖の両義性の問題は、〈聖・俗・乱〉論によって解決した。また、聖なるものが有する娯楽的・美学的要素の問題に関しては、〈聖・俗・遊〉論によって遊領域が画定されることで調停が図られている。聖俗理論の展開においてモデルが高次化していくことは、世俗化がそれなりに進行した後の世界のありようを分析的に捉えるためにきわめて有用と言うことができよう。

しかしながら、こうした議論を深めれば深めるほど、さらに多くの重要な問題が浮上してくる。例えば、聖・俗・遊・乱といった世界は思念された世界なのか生きられた世界なのかという問題、そもそも日常生活を普通に営む人々はこうした世界の諸々の次元を意識して生きているのかどうかという問題、研究者（観察者）の関心に応じて各領域の把握の仕方が相当に異なっているという問題、個人のレヴェルと社会のレヴェルとでこれらの世界構成は違ってくるのではないかという問題、日常生活の世界とはこれら諸領域の総体なのか俗なる世界のことだけなのかという問題、現実世界は三極や四極程度にしか理念型的に分節化されえないのかどうかという問題、そしてこうした世界の多元的な分節は世俗化などの社会変動とどのように関連しているのかという問題、等々……。このように大きな問題の数々に対して一気に答えを見つけるのは、もちろんきわめて難しい。が、これらは非日常性について探究するにあたって避けて通ることのできない大事な問題である。そこで以下の各章では、こうした諸問題の全てを解決できないにしても、その核心に少しでも迫るべく、探究の歩みを少しずつ前へ進めていこう。

第二章

多元的現実をめぐって

非日常性について議論するにあたって聖俗理論の系譜とともに必ず俎上に載せなければならないのは、アルフレッド・シュッツの多元的現実論である。それは聖俗理論の系譜とは独立に展開された卓抜な社会学理論にほかならない。けれどもその検討に移る前に、本章の前半では、まず宗教社会学の領域における先端的な潮流を概観し、また超越的な経験についての心理学の代表的研究例のレヴューを行ってみよう。これらを通じてシュッツの多元的現実論の意義はいっそう際立ってくるものと思われる。

一　宗教社会学の現在

かつて宗教的な信念が磐石だったころ、非日常性の代表格は聖なるものであった。

新制度派組織論
諸主体が埋め込まれた社会的文脈を重視する組織論。価値や規範ではなく認知的な枠組みを重視する点で、旧制度派から区別される。

また世俗化が生起しても、その初期段階においては、世界は聖俗世界として記述することができた。もしこの状態に留まっているのであれば、非日常性研究は宗教社会学の独壇場であり続けたことであろう。けれども世俗化がさらに進展することで、俗なる世界の力が増すとともに、非日常空間までもが聖だけでなく乱や遊などに分化してしまうと、宗教社会学の威力は最早自明のものではなくなってくる。では、そうしたなか、宗教社会学はどのような状況になっているのであろうか。

世俗化論についてはまた後の章で検討することになるが、今から思えばそれが華やかなりしころは、宗教社会学が一般社会学として光彩を放った最後の時代だったのかもしれない。その後、宗教社会学は社会学外部からだけでなく内部からもマイナー視されるまでに至る。そしてそうした状況にあって、個別の記述的な研究の蓄積は地道になされ続けたものの、宗教社会学の世界全体を揺さぶる大きなイノヴェーションは起こりにくくなった。けれども近年になってまた、宗教社会学は（少なくともその内部において）それなりの活況を呈しつつある。その活況をもたらしたのが、新制度派組織論系統の潮流と合理的選択論系統の潮流の二つである。

新制度派組織論系の宗教社会学の新しさは、聖なる象徴世界を制度的・組織的文脈に埋め込まれたものとして分析している点に求められる。教祖を始めとする宗教的リーダーは社会的・歴史的背景を背負って自らの信念や行動を彫琢しているし、

合理的選択論
社会的配慮を持たない利己的な個人の振る舞いを前提としたうえで、社会秩序の可能性について説明していこうとする社会理論。

宗教団体は集団・組織そのものである。しかも個々の教団はより大きな組織フィールド（つまりは諸々の組織が作り上げている宗教という業界）の中に存在している。だとしたら、宗教なるものは象徴現象としてだけではなく、制度現象や組織現象として捉え返さなければならない。こうして新制度派組織論系の宗教社会学は、より制度論的・組織論的な宗教研究を推進することとなった。

ジェイ・デメラス他編の『聖なるカンパニー』（一九九八）には、アメリカにおける宗教（的な）現象を対象とした新制度派系の論文が多く集められている。例えば、宗教組織と世俗組織には同時期的な展開が見られるということ。また、宗教立の病院では、どこにおいても総じて役員の僧籍比率の減少が見られるが、それには宗教系統ごとの若干の違いもあるということ。そして、擬似宗教的な企業の多くはカリスマ的リーダーシップや強い集団連帯・平等主義によって人々を惹きつけているものの、そこでの結びつきは結局のところ打算的なものに留まるということ。これらはいずれも、新しい制度論的・組織論的な宗教研究の探究対象となるところにほかならない。

さて、宗教をより広い文脈のもとに捉え返す新制度派の潮流とはきわめて対照的に、個人の欲求充足という非常に狭い観点から宗教を分析していこうとするのが合理的選択論の視角である。ローレンス・ヤング編の『合理的選択論と宗教』（一九

コミットメント　価値・イデオロギーや集団・組織・制度への深い関与のこと。

九七）をもとに、この視角のエッセンスを抽出してみよう。合理的選択論において宗教は、功利的計算の対象となる、ある種の財として捉えられる。人々が宗教的信念を持つのは非合理的だからではなく、むしろ合理的だからだ。

だとすれば近代化がいくら進もうと、世俗化ばかりがもたらされるとはかぎらない。諸々の宗教が人々の信仰を勝ち得るべく有意な競争を自由に繰り広げ、各種の宗教財を効率的に供給できていれば、宗教的コミットメントは増大するものと考えられる。実際アメリカにおける宗教史を辿ってみれば、宗教的な多様性が増せば増すほどコミットメントも増大してきたという流れを看取することができる。宗教的な独占状況は、人々の信仰熱をかきたてるものとはならない。中世キリスト教は、実はバーガーの言う〝聖なる天蓋〟として諸個人を守るものなどではなかった。また、長く福音ルーテル派を国教としてきたスウェーデンでは、実際の信仰の度合いはきわめて低いものに留まる。通常の商品の場合と同様に宗教財の場合も、複数の供給主体が自由競争を繰り広げることによって、マーケットは活況を呈することになるのである。

こうして、ここまで簡単に宗教社会学の新しい流れを概観してみたわけだが、新制度派組織論系の視角と合理的選択論系の視角の二つには、社会的文脈への埋め込みを重視するか個人的欲求充足を重視するか、規範的な志向が強いか功利的な志向

マクロ、メソ、ミクロ
一般的に社会学でマクロとは制度レヴェルのこと、メソとは集団・組織レヴェルのこと、ミクロとは個人的な行為・相互行為レヴェルのことをそれぞれ意味する。

が強いか、マクロないしメソの側面を強調するかミクロな側面を強調するか、などといった諸点において大きな違いが見られた。けれども、この二つが共通して、超越的な意味世界がはらむ固有の諸問題をあえて捨象し、他の社会現象を扱うのと同じように宗教現象にアプローチしている、というのは間違いない。この二つの新たな潮流は、焦点を制度・組織に当てるのか市場に当てるのかで鋭く対立するものの、双方ともに宗教を特別扱いすることなく、淡々と制度・組織分析や市場分析に勤しんでいるのである。

ここで前面に出ているのは新制度派組織論とか合理的選択論などといった社会学的な分析視角であり、高度な意味空間としての聖なるものそれ自体は後景にしりぞいてしまっている。これは一方で、宗教社会学それ自体が極度に世俗化することで力を失い、先端的な社会学理論によって植民地化されているということを指し示していよう。が、それとともに先進国としては珍しく信仰に篤い国であり続けてきたアメリカが――この二つの潮流が発展を遂げてきたのはアメリカにおいてである――、まさに宗教国であるがゆえに、超越的な世界に関する深い意味分析をそれほど必要としていないという事情が効いているのかもしれない。宗教や信仰の世界が自明視されていればいるほど、意味世界それ自体を深く掘り下げていこうとする動きは出にくくなってしまうのである。ちなみに日本の宗教社会学は意味世界につい

新宗教研究　伝統的な宗教文化からある程度離れた新しい宗教の思想・運動・組織について探究する学的営為のこと。日本ではとくに宗教学者による優れた研究が目につく(島薗 一九九二、井上 一九九六など)。

ての深い探究を行ってきており、新宗教研究をはじめとして世界の最先端を走っているが、その背景としては、宗教や信仰が当たり前のものとはなりにくいこの国独特の事情が控えているものと考えられる。

もちろん、新制度派組織論と合理的選択論の二つが宗教社会学の世界に新たな息吹をもたらしたのは事実だ。社会学一般にとっても宗教社会学にとっても、それは一つの前進と言うことができる。しかしながら、そこで意味世界に関する深い探究が置き去りにされがちというのもたしかだろう。高度に象徴的な世界を扱う以上、宗教社会学は一般的な社会学理論から学ぶだけでなく、哲学的・宗教学的な探究との連携を回復・強化する必要があるのではなかろうか。

二　フロー研究の展開

一方、宗教社会学の流れとは全く違ったところで、超越的な意味世界のありようの一面を心理学的に深く掘り下げたものとして、ミハイ・チクセントミハイの研究がある。非日常的な世界の代表格は聖なるものばかりとはかぎらない。チクセントミハイは主として遊びの世界に定位し、そこでの活動の楽しさが行為の結果よりも過程の方にあるということに注目したうえで、その感覚をフローという概念で捉えた。フローとは「全人格的に行為に没入している時に人が感ずる包括的感覚」のことである（チクセントミハイ　一九七五　訳六六）。

ロック・クライマー、チェス・プレイヤー、現代音楽の作曲家、モダン・ダンサー、高校バスケットボールのプレイヤーなど、経済的利益の獲得のような外的な目標を志向せず、むしろ当の活動それ自体を楽しむ人たちを対象とした研究をもとにして、チクセントミハイがフロー経験の要素として抽出したのは、次の六つである（同　訳六八―八五）。①行為と意識の融合（例：自らのプレイに意識を集中する一方で、その意識を反省的に捉えることはないテニス・プレイヤー）。②限定された刺激領域への注意の集中（例：ゲームに集中するあまり、何の音も聞こえなくなるチェス・プレイヤー）。③自我境界の超越（例：夢中になって自我意識を失い、岩の中に溶け込んだ感覚を味わうロック・クライマー）。④有能さと支配の感覚（例：上手く踊れている際、周囲の存在を支配している感覚に包まれるダンサー）。⑤明確なフィードバック（例：プレイに集中していながらも、事後には個々のプレイの成否がハッキリとわかるバスケットボール・プレイヤー）。⑥自己目的性（例：登りきることを目指しながら、しかし本当は登り続けることを望んでいるロック・クライマーや、金銭的対価のためにではなく、活動それ自体が楽しいから曲作りに励んでいる作曲家）。

チクセントミハイの本の邦題は『楽しみの社会学』だが、その原題は『退屈と不安を超えて』。挑戦すべき課題が自らの技能を上回ると、人は不安に苛まれる。けれどもその反対に技能に比して課題が簡単過ぎれば、人は退屈にならざるをえない。これに対して課題と技能が丁度一致するところにこそ、上のような諸々の特徴を持つフロー経験の生じる可能性がある。このチクセントミハイの議論は、非日常的・超越的な意味世界が諸個人によってどのように感得されるかを見事に明らかにしたものと言うことができよう。

ただし、ここで焦点が当てられているのは、あくまでも個人的な感覚に過ぎない。もちろん、中には共同性が重んじられるフローというものもある。チクセントミハイはその例としてロック・ダンスを挙げ、そこでは「『社交的』な行為への機会が、我々が調べた他のどの活動よりも顕著である」と説いたうえで、その共同性についてデュルケムの「集合的沸騰」概念やターナーの「コムニタス」概念を引き合いに出しながら論じている（同 訳一六二―一六三）。しかしながら、これはチクセントミハイの探究の中で目立ったものにはなっておらず、実際に議論の多くは個人的なフローの方に費やされている。また、たとえ共同的・集合的なフローが問題となっている際も、それが感覚の問題にほぼ回収されきっていることにも注意しておかなければなるまい。

たしかにチクセントミハイの探究は非日常的な体験の一側面を鋭く抉ったもので

あり、その意味で、新制度派組織論系ないし合理的選択論系の新たな宗教社会学などよりも、よほど深みのある議論をしているものと評価できる。けれどもそれは、感覚を対象とした心理学的研究に留まっているという点では、非日常性研究としてある種の浅さを露呈してしまっていると言うこともできよう。非日常性に関する制度分析も組織分析も市場分析も心理分析ももちろん大事だが、それとともに必要なのは、超越的な意味世界の存在と意識にまつわるより深い議論にちがいない。そしてそれは、新しい宗教社会学やチクセントミハイのフロー研究などよりずっと古典的な、シュッツの多元的現実論に求めることができる。

三　シュッツの多元的現実論

シュッツは聖俗理論の系譜とは全く独立に、独自の多元的現実論を唱えた。彼はウィリアム・ジェイムズが現実の中に多数の独立した層を見いだしたのに倣い、固有の認知様式を有する様々な「限定的な意味領域」(finite provinces of meaning) の存在を認め、日常生活世界や幻想の世界、夢の世界、科学理論の世界などに関する深い洞察を行った。シュッツによる限定的な意味領域の規定は、次のようなものである。

ある一連の経験すべてがある特有の認知様式を示し、しかも――その様式に関して――各経験がそれ自体で一貫しているだけではなく、さらにそれぞれの経験が互いに両立可能である場合に、われわれはそうした一連の経験のことを限定的な意味領域と呼ぶのである。（シュッツ　一九六二　訳三八）

これら限定的な意味の諸領域間の移行は「キルケゴールが名付けているような『跳躍』（leap）によってのみ可能であり、そしてそれは、ショックという主観的な経験のなかで現われてくる」（同　訳四一）。こうしたショックの数々は、日常生活において容易に見つけられるだろう。例えば、入眠による夢の世界への移行や、演劇鑑賞における開幕などがそれである。

ところで、シュッツの議論においてとくに重要なのは、日常生活世界も一つの限定された意味の領域に過ぎないとされている点だ。日常生活世界は、次のような固有の認知様式を有しているとされる（同　訳三九）。①生活への十分な関心に基づく覚醒状態としての固有の意識の緊張度、②固有の「エポケー」、すなわち疑問の停止、③自発性の顕著な形態、すなわち活動（working）。④全体性を持った固有の自己経験、⑤共通の間主観的世界、すなわち社会性の固有の形態、⑥標準時間をなす固有の時間的パースペクティヴ。

しかし、この日常生活世界は、一方で限定された様々な意味領域の一つでありながら、他方、他の諸領域とは違って「至高の」(paramount) ものとして立ち現れる。というのも、活動の世界としての日常生活世界においてのみ、社会性が存在し、コミュニケーションが可能となるからである。そしてまた、幻想の世界や夢の世界や科学的思考の世界の「中身」は行為・活動そのものである。さらに、人が遊びや芸術や祭儀の領域へと移行する、そのベースとなるのも日常生活世界にほかならない。つまり日常生活世界は共同性の水準が最も高く、また他の諸領域の基礎をなしているので、至高現実の名に値するわけである。

以上がシュッツの多元的現実論のエッセンスである。シュッツは意識の緊張度を中心とした議論を展開しつつも、そうした心理学的な視座に留まることなく、社会性ないしコミュニケーションを主軸に据えた社会学的な多元的現実論を推進した。彼の多元的現実論には哲学的・社会学的・心理学的な深みが看取される。彼は単に現実の多層性を指摘したのではなかった。シュッツの議論は、あくまでも日常生活世界を中心に据えつつ、それとの関係性において他の様々な現実領域を捉えようとしているのである。したがってシュッツの多元的現実論は、日常性―非日常性の社会学として第一級の重要性を持つとともに、社会の一般理論としても燦然たる光彩を放っている。一般社会学としての多元的現実論の凄みは、那須壽による一連の研究に見ることが可能だ(那須 一九九七)。

ただ、シュッツの議論は深く複雑なものであるがゆえに、様々な問題をはらんでいるというのもまた事実である。まず、多元的現実と言うときの「多元的」の意味合いだ。青井和夫は「多元的現実の『多元的』の意味には、①認識地平のちがい、②所属集団や制度のちがい、③聖・俗・遊などの生活領域のちがい、④意識水準のちがいなどさまざまなものがあり、シュッツの場合、それらが区別されず複合的に用いられている」と指摘する（青井 一九八〇 二六七）。ただ、この四つの中ではシュッツが主として第一の認識地平ないし第四の意識水準に照準していたというのは、まず間違いないだろう。彼は、固有の認知様式を有するものとして現実の多様な層を設定していた。また、意識の緊張度を重視したシュッツは、プラグマティックな活動の世界では意識が最も覚醒しているが、これに対して夢の世界では緊張度が最も低いと述べている。さらに、上掲の日常生活世界の六つの特徴を一瞥しただけでも、彼がとりわけ意識状態の多元性に照準していたことがわかるにちがいない。

しかしながらそれでもなお、多元性の弁別の仕方が曖昧だという問題は拭いきれない。江原由美子は、シュッツの取り上げた「想像の世界」「夢の世界」「芸術の世界」「科学の世界」「宗教的経験の世界」「子どもの遊びの世界」「狂気の世界」などといった多元的現実に関し、①取り出し方に組織的・統一的な基準が見いだせず、②制度化された領域が多く俎上に載せられているので分業によって生じる諸集団と混同されやすい、との批判を展開している（江原 一九七九 五四）。これはすなわち、①意識水準によって多元的現実を切り分けると言っても、それだけでは無限の層が抽出できてしまうということ、ならびに②意識水準を主軸に据えているにもかかわらず、それが知らぬうちに他の基準にすり替わる危険が伏在しているということにほかならない。おそらくシュッツはこの二点に関して、さしたる配慮をしていなかったものと思われる。なぜなら上野の指摘するように、「彼の『多元的現実』理論は、事実上 paramount reality と non-paramount reality との『二元的現実』理論になっている」からだ（上野 一九七七 一一七）。シュッツの主たる関心は、覚醒状態にある活動の世界としての日常生活世界と、そこを基点とする他の現実世界との区別にあった。この二つを弁別するだけならば、日常生活世界を意識の緊張度と社会性がともに高い領域として規定するだけで十分だと考えられたのかもしれない。

しかし、ここで日常生活世界以外の諸現実では、いずれも意識の緊張度が低いかといえば、そうとは断じ切れないだろう。例えば、宗教的儀礼において人は日常生活と同様かそれ以上の緊張を経験する。また、作家オルダス・ハクスリーの体験談にもあるように、薬物を使用した非日常体験において、人は非常に高揚した意識の状態を味わうことがあるのである。

また、「多元的」の意味を意識水準に限定してしまうと、表面的な心理の議論に狭く偏ってしまうという問題もある。現実の多元性というものには、意識水準の違いの他に様々な視点を織り込むことが可能であり、そうすることによって初めて社会学的に豊かな議論が生まれてこよう。祭りや騒擾やパーティーやライヴやその他諸々の集合的な現象の解釈・分析に貢献してこそ、多元的現実論は社会学的に有用だということになるのである。それを思えば、意識の緊張度を中心に据えつつ他の基準にも移行しがちなシュッツの議論は、論理的に混乱しているというよりも、むしろ社会学的な豊かさを約束していると見るべきかもしれない（この点については、那須 一九九七 七四―七五も参照）。そして、集合性・共同性・社会性へと通じるこの可能性は、シュッツ流の多元的現実論が聖俗理論の系譜と手を結ぶことによって、より確実なものとなるように思われる。

さて、シュッツの多元的現実論をめぐる次なる大問題として、彼の日常生活世界なる概念が現実の諸領域の総体のことなのか、それともその中の限定された一つの意味領域に過ぎないものなのか、ということが挙げられる。たしかにシュッツは、これを限定された意味領域の一つと明言していた。けれどもそれは他方、他の諸領域のベースとなる特権的な位置を占め、それゆえ至高現実と呼ばれる。だとすれば、この日常生活世界は他の諸領域を包み込む総体としての現実なのだろうか。また、日常生活世界が至高現実であるもう一つの所以に社会性の高さというのがあるが、もしここで間主観性の度合いの高い世界を全て日常生活世界と称するならば、俗なる世界だけでなく聖なる世界も遊なる世界もなべて日常生活世界だということになってしまう。それで概念的に大丈夫だろうか。

この種の問題に対しては、青井によって次のような解決策が提唱されている。すなわち、素朴な自然的態度に基づく限定された一領域としての日常を「日常生活世界」と呼び、また諸現実の総体は「生活世界」と称するようにすればいいのではないか、と（青井 一九八〇 二六三）。また江原は同様に、前者を「日常生活世界」、後者を「生きられる世界」と呼んで、概念の混乱を回避しようとした（江原 一九七九 五二）。こうした概念の明確化によって議論の整理がつきやすくなるのは間違いあるまい。

しかしシュッツの日常生活世界概念の有する〝多義性〟を、このように単なる総体と部分の呼称にまつわる問題に還元してしまう方策は、日常生活それ自体のはらむ、しばしば矛盾に満ち豊かさに溢れた複雑な様相を不当に切り詰めてしまう虞れがあるのではなかろうか。そもそも日常生活とはいったい何なのか。ある種の宗教家にとって禁欲や祭儀は日常だし、科学者にとって研究への没頭はやはり日常だ。また、初めは非日常的な興奮に溢れていた逸脱的な行為も、毎日頻繁に行えば容易に日常と化す。そう考えると、およそあらゆる意味領域は個人的にも社会的にも日常生活世界になりうるポテンシャルを秘めている、ということがわかってこよう。ここでも、一見したかぎり概念が混乱しているように映ずることが、その実、現象それ自体のはらむ複雑さをあますところなく表現しているとも言うことができるのである。

こうして多元性にせよ日常性にせよ、シュッツの議論において曖昧だとされてきた概念構成は、現実世界の多義性そのものを有意に指し示すものだったと、あらためて高く評価することができる。しかしながらここで、現象は複雑極まりないとだけ納得して、思考停止に陥ってしまうわけにはいかない。重要なのは、シュッツの議論に伏在するそうした多義性や複雑さを丹念にひもといていくことであろう。その作業の担い手は、全ての人に開かれている。

第三章

非日常性研究の地平

これまでわれわれは、主として聖俗理論の系譜とシュッツの多元的現実論を辿ってきたが、この二つの潮流は、これまでそれほど密な交流を遂げてはいない。この二つをともに俎上に上げる優れた研究がないわけではないが（例えば井上 一九七五、上野 一九七七、望月 一九八二）、全体的に見ればこの二つはそれぞれほぼ独立の道を歩んできた。それは、聖俗理論の系譜の方が専ら宗教社会学や宗教学の枠内で語られがちなのに対して、シュッツ流の多元的現実論の方は主として社会学基礎理論としての現象学的社会学の中核として議論されるからだ。しかしながら、こと非日常性の社会学ということで言えば、この二つには共通に扱うべきところが多々存在している。そこでこの章では、聖俗理論の系譜とシュッツの多元的現実論を統一的に捉える視座の構築を企ててみよう。

現象学的社会学
フッサールの現象学を社会学に応用するシュッツ以来の流れのこと。早稲田大学には世界有数のアルフレッド・シュッツ文庫がある（代表：那須壽）。

一　広義の多元的現実論へ

聖俗理論の系譜とシュッツの多元的現実論には、いくつかの論理的な親和性を指摘することができる。まずは、両者ともに現実というものが均質でも一様でもないということを示している。主体の意味付与によって異なった現実が構成されるという意味において、心理的に現実は多元的であり、また集合的沸騰状態と平時の状態など様々な社会的意味空間が設定されうるという点で、社会的にも現実は多元的なのである。もとより、こうした多元的現実をすぐれて共同性の問題として捉えたのがデュルケムであり、一方主観主義的な傾向が強いのがシュッツでありまたバーガーであるという対照性はあるわけだが、現実を均質なものではなく多層的なものと見なしたところに、両者の共通性を認めることができよう。

また、聖俗理論の系譜において聖・俗・遊・乱などの領域に独自性が認められているということ、そしてシュッツの多元的現実論においては現実の諸々の層が独自の認知様式を有する限定された意味領域として定立されていることにも注意しておきたい。こうした諸領域は、まずは独自なものとして、つまり本源的なものとして措定されており、そのうえで諸現実の間の関係や移行などが議論されることになる

モノ
デュルケムは個人意識に還元されえない社会的事実をモノ（chose）のように客観的に扱うことを提唱した。

のである。

なお、これらの諸領域が連続的であるか非連続的であるかに関しては、議論の分かれるところかもしれない。例えば、デュルケムにおいては聖と俗とは本源的な区別として非連続的に捉えられていた。これに対して木村の四極構造モデルの場合、諸世界は連続的に捉えられている。ただしいずれにせよ、各々の領域が独自のものとして設定されているというのは間違いない。

次に、異なる領域においては意識の状態が違ってくるという見解も、聖俗理論の系譜とシュッツの多元的現実論に共通したものと言える。カイヨワとシュッツはともに、意識の緊張度をもとにした議論を展開した。これにはもちろん問題もあり、例えば心理学的偏向という批判も向けられよう。また最も緊張度の高い領域としてカイヨワが聖を挙げているのに対して、シュッツは日常生活世界を挙げているという問題もある。しかし、社会（学）的な志向を失わないかぎり、各領域に固有の意識水準に関する考究を行うのは、それなりに有意義なことであろう。あれほど社会現象・宗教現象を「モノ」として扱うよう要請したデュルケムでさえ、集合的な力は外在的であるばかりではなく、個人意識に浸透して初めて人々を動かすのだと言い（デュルケム　一九一二　訳〈上〉三七八―三七九）、また「すべての宗教は、もっとも荒唐なものでさえ、ある意味で唯心論的である」と指摘して（同　訳〈下〉三二八)、個人意識の問題に少なからぬ関心を寄せているのである。

もちろん個人意識がどのような状態であったとしても、それが相互に作用し合って何らかの社会状態を生じないかぎり、その総体は社会意識とはなりえない。しかし、高度に活性化した社会意識の側は――例えば、聖なるものによって醸し出される集合的沸騰状態は――、必ず個人意識に浸透し、そこに大きな影響を及ぼす。したがって、諸々の意味世界を探究する際、社会的な状況だけでなく個人的な意識にも注意を向け、社会と個人の相互作用を分析していくのは、とても大事な作業と言うことができよう。

さて、さらに各領域に独自の機能ないし意味を見いだしたという点も、聖俗理論の系譜とシュッツの多元的現実論に共通している。例えば、デュルケムやバーガーは宗教の有する社会統合の機能に注目し、また竹内や山口はカオスのうちに積極的な意味を認めた。また、シュッツも夢の世界などといった諸々の領域を検討し、それらと対比することによって、社会性が高くコミュニケーションの可能な日常生活世界を至高現実と見なしている。抽象度を上げて言うなら、彼らはいずれも、俗なる領域が他の領域によって、あるいは他の領域との対比において維持されている、という議論を展開しているわけである。

そしてここでとくに重要となるのが、諸領域間の移行にほかならない。エリアーデは、社会的階級の混合や性愛の自由などによってカオスの状態に立ち戻り、その後にコスモスの創造を再現するような宗教的祭儀のプロセスについて検討している。またターナーは、身分逆転の儀式によって未分化で未組織の平等集団を現出せしめ、それによって（社会）構造を浄化・強化するような部族社会のダイナミクスを活写した。多くの論者は諸領域間の移行――シュッツが言うところの「跳躍」――を深く探究しているわけだが、そうした作業によって各々の領域の機能や意味はより明確なものとなるにちがいない。もちろんここに、世俗化の激越な進行によって現実間の大きな「跳躍」がなされにくくなっているのではないか、という疑義も自然と浮かんでこよう（これについては後の章で詳しく検討することになる）。が、まさにこうした問題を提起し、そして分析していくためにこそ、われわれは各領域の機能・意味や諸現実間の移行について、理論的・経験的に細心の注意を払っておく必要があるのである。

以上、聖俗理論の系譜とシュッツの多元的現実論は強い親和性を持つということが、あらためて確認された。こうして見てくると、この二つを独立の流れとして留め置くのはあまりにも勿体ない。非日常性論の推進という立場からすれば、この二つの潮流は広い意味での多元的現実論として包括的に捉えることが可能であり、また必要だ。すなわち広義の多元的現実論とは、心理的・社会的に構成される現実を均質・一様なものではなく、様々な意味において多元的なものとして捉え、その諸々の現実領域の意味ならびに諸現実間の関係を探究する試みと言うことができよう。そして、二つの流れの有機的な協働によって包括的・統一的な枠組みが堅固なものとなれば、聖俗理論の系譜の側は哲学的・認知的な基盤を獲得することができ、他方、シュッツの多元的現実論の側は主観主義的な限界を突破することができるにちがいない。

二 伏在する諸問題

こうしてわれわれは、聖俗理論の系譜とシュッツの多元的現実論に関してこれまで個々別々に取り上げてきた諸問題を、一つの大きな土俵に乗せて論じることができるようになった。まずは大きな問題として、聖・俗・遊・乱にせよ、あるいはその他の多元的な諸現実にせよ、それらは考えられた世界なのか生きられた世界なのか、というものがある。木村によれば、考えられた世界が一次元化すると、別の領域は想像すらされなくなるが、生きられた世界が一次元化する場合には、他の領域の存在を感受することは可能だという（木村 一九八三 一三八―一三九）。たしかに、俗なる領域のみを生きる者でも、聖なる領域の存在を認識することは可能だろう。

オルギー
ディオニュソス神話では、奥義を授かるとされる狂喜乱舞の儀式のこと。極度の興奮・陶酔を伴う集合的沸騰状態。

ただ、ここで注意しておかなければならないのは、生きられた世界の一次元化は往々にして考えられた世界の一次元化を随伴するということである。実際、世俗化した現代社会では、聖なる世界の存在を全く考えない人も少なくない。

そしてこの問題は、日常生活を営む普通の人々ははたして多元的な諸領域を意識的に生きているのかどうか、という問題にもつながっていく。シュッツも指摘するように、人はたった一日のうちでも多くの領域間の移行を体験する。仕事への没入、白昼夢、スポーツ観戦、内省的な思索など様々だ。こうした諸々の領域について、もちろん人はよく知っている。しかし、聖・俗・遊・乱などといった分析的な概念ともなると、話は違ってこよう。そもそもデュルケムでさえ、聖なるものを乱や遊の要素が混淆した曖昧なものと見ていた。これに鑑みれば、一般の人々がある種の宗教的祭儀やオルギー（狂乱的儀式）を振り返って、これを聖と乱と遊の入り混じった状態として分析的に認識するなどといったことは、まずありえない。聖・俗・遊・乱は、あくまでも研究者による分析概念なのである。

当事者の視点に立てば、例えば聖なる領域をことさらに聖とは意識しない僧侶がいる可能性もある。また研究者の場合も、聖・俗・遊・乱あるいはカオス・コスモス・ノモスの定義に様々な異同が見られるのは否定できない。つまり、多元的現実に関して当事者のパースペクティヴと研究者のそれが一致するかどうかはわからないし、それだけでなく当事者間や研究者間でも認識が収斂するとはかぎらないのである。

そしてこの先にあるのが、多元的現実とは個人レヴェルのものなのか、それとも社会レヴェルのものなのか、という問題だ。もちろん大抵の議論は、諸々の現実を共同主観的に構成されるものと考えている。認知様式を基準にすることで、ある意味で心理学的に現実の諸領域を画定したシュッツにしても、共同主観性・社会性・コミュニケーションを重視したからこそ、日常生活世界を至高現実と見なしたわけである。夢や幻想の世界は、単にそれだけでは社会学的分析の対象たりえない。それらについての探究は、至高現実たる日常生活世界とどう関わるか、あるいは日常生活世界の中にどう立ち現れるかに関心が注がれることによって、初めて社会学的分析となるのである。

しかしながら、広義の多元的現実論において措定される聖・俗・遊・乱、あるいは日常生活世界、集団幻想の世界、子どもの遊びの世界などは——たとえそれらが予め共同主観的なものと想定されていたとしても——、社会のレヴェルと個人のレヴェルとで必ずしも完全な一致を見るとはかぎらない。例えば、熱狂的な祭りにおいて独り醒めている者、あるいはせっかくゲームをしているのにそれを蔑む者をどう扱ったらいいのか。多元的な諸現実の一つひとつを単に共通の場といった程度の緩い共同世界として見るならば、彼らは明らかに祭りの領域や遊びの領域をともに生きていると記述することができる。しかし各々の世界を高水準の共同主観性が貫徹した存在と考えるならば、彼らは祭りや遊びに参加していないということになろう。もちろん、このように祭りや遊びから心理的な距離を相当に取る人たちも、それらに埋没している人々との間に何らかの社会的行為をしている。心理的に離れていたとしても、その場にいること自体、すぐれて社会的なことにはちがいない。また、彼らに逸脱者とのラベルを貼ることが社会的な営みだというのも言うまでもない。けれどもその一方で、同じ場にいながら祭りで覚醒し遊びを拒否する者は、祭りや遊びという世界を共同主観的に創出する営みには、ネガティヴな意味を除いてほとんど関与していない。その意味で、皆が社会的に同じ世界を共有していると安易に断ずるわけにはいかないだろう。

さらに、多元的な諸現実を主として個人主観に定位して見る場合、各領域の共有性はいっそう疑わしくなってくる。この場合に問題となるのは、一部の逸脱的な人だけではない。例えば祭りや遊びに熱中するマジョリティの中にも、聖を生きる人、遊を生きる人、乱を生きる人など様々な人がいる。また祭りや遊び以上に、日常生活世界ともなると、諸個人の意識状態はまさに百人百様にちがいない。シュッツにおいて意識の緊張度も社会性もともに高いとされた日常生活世界だが、その程度ということでは個人間で相当なヴァリエーションが看取されるのである。

このように多元的な諸現実のそれぞれは、①共通の場のレヴェル、②共同主観のレヴェル、③個人主観のレヴェルで必ずしも一致するとはかぎらない。従来の議論の多くは、これらのレヴェルの一致度の高いものをモデル化するか、あるいはそうしたレヴェルの相違に全く無関心であった。例えば、デュルケムはこの三つのレヴェルを貫通する本源的な区別として聖と俗を挙げていたものと考えられる。彼が聖と俗という原初的な分節を抽出しえたのは、まさに未開社会においては「すべてが皆に共通」であり「行動が紋切り型」だったからである（デュルケム 一九一二訳〈上〉二四）。しかし今日、この複雑に機能分化し世俗化を遂げた現代社会において、各領域の共有度は相当な揺らぎをきたしている。したがって多元的現実論を現代社会論的に展開する場合には、そこで取り上げる各現実が共通の場のレヴェルなのか共同主観のレヴェルなのか個人主観のレヴェルなのかを明確にしておく必要があろう。これは従来の議論がともすると見落としがちだった、大変重要なポイントにほかならない。

さて、広義の多元的現実論の有する次なる大きな問題として、われわれが生きるのは聖・俗・遊・乱などの各領域なのか、それともその総体なのか、ということが挙げられよう。デュルケムはこの世界を聖俗世界として捉えていた。また竹内は文化をコスモスとカオスの総体と見なしている。シュッツの場合はやや複雑で、彼の議論において日常生活世界は、まずは限定された意味領域の一つと考えられていた。しかしそれは他方、他の諸現実のベースをなす至高現実であり、その意味で特権的な位置を占める。さらに、日常生活世界は社会性が高くコミュニケーションが容易だという議論を想い起こしてみよう。こうしたことに鑑みれば、共同主観的に成立する世界は全て日常生活世界か、あるいはそれが変容したものと捉えることもできるのである。

もちろん人がそのときそのとき生きているのは、一つの個別的な領域にはちがいない。しかし、その一つの領域の中に他の領域の要素が混在することはままあるし、また中長期的な観点からみれば、われわれはまさに様々な「跳躍」を遂げながら多元的な諸現実の全体を生きているということになる。諸個人の生活は個々の状況の断片などではけっしてない。それは多元的な諸現実の総体として捉えなければならないだろう。

望月哲也は、聖俗理論の系譜とシュッツ流の多元的現実論を接合する際、従来「多元的現実論でいう〈日常生活世界〉と聖俗理論でいう〈俗〉との暗黙の対応が想定されており、したがってそれとの関係で宗教の世界パースペクティブは〈聖〉なるパースペクティブとして捉えられ」てきたことを批判し（望月　一九八二　二二四）、宗教的世界を聖なる世界ではなく聖俗世界として見るべきだと訴えた。これはひとり宗教的な世界だけに当てはまることではあるまい。日常生活世界もまた、聖・俗・遊・乱などの多元的な諸現実の総体として把握することができるし、そうすることが必要だ。エリアーデやカイヨワの議論において、一見およそ宗教的とは言い難い初恋の情景や戦争の状態などが聖なるものと見なされているのは、このためであろう。これらはより正確には、聖・俗・遊・乱の混在した――あるいは少なくとも混在しうる――一つの総体として捉えられるべきなのである。単に現実のうちに諸々の層を認め、それを淡々と分類するだけの多元的現実論であれば、それはせいぜい各領域を個別に探究する営みに留まってしまう。そうではなく、諸領域間のダイナミックな関係をつぶさに押さえることが大切だろう。そうすることを通じて、諸領域全体の様子をしっかりと見据えることにより、総体としての日常生活の意味と、その中の諸領域の意味の双方がより明確に浮かび上がってくるにちがいない。

これと関連して次に、多元的現実は聖・俗・遊、聖・俗・乱の三極なのか、それとも聖・俗・遊・乱の四極なのか、また「現実は多元的であるとして、それは有限なのか無限なのか」（上野　一九七七　一〇一）というのも大きな問題である。従来の多くの多元的現実論において、諸領域の規定は操作的な定義にはなっていない。そしてそれゆえ、論者によって多種多様な多元的現実論が構成されうるということになる。山口は「『現実』の数は、人間がその感度をたよりに周りの世界を感知するアンテナの数に相当する」と指摘しているが（山口 一九七五 一六二）、それを一つひとつ挙げるだけではほとんど意味がないだろう。無限に想定される諸現実を単に記述するという営みは、少なくともそれだけでは理論的に有益とは到底言えない。こうした諸々の現実に対して人々が共同でどのような基本的な分節を行っているのかを見極めることこそが肝要なのである。

そして、そうした基本的な分節のありようを見据えることとともに、それらが時代を経てどのように変容してきたかを探究することもまた大切な作業となろう。例えば、聖俗という根本的な分節があるとして、それは世俗化した現代社会でも大きな意味を持つのだろうか、といった問題。多元的現実論が哲学的な思弁としてだけでなく社会学的な分析としての力を発揮するためには、世俗化などの社会変動への問題関心を強く持っていなければならない。既に触れたように、乱や遊といった領域への関心それ自体も、世俗化現象とけっして無縁ではないはずだ。次章以降で詳しく検討することになるが、世俗化によって多元的現実の布置がどのように変わってきたか、というのは大変重要な探究課題と言うことができよう。

三　非日常性視角の意義

さて、以上のような広義の多元的現実論の諸問題をふまえたうえで、ここに、人々によって生きられる世界を日常性＝非日常性の分節で捉える視角を提起してみたい。思えば、このように世界を二元的な分節で把握しようとする方策は、デュルケムやエリアーデらがとっていたものであった。またシュッツの多元的現実論にしても、つまるところは至高現実としての日常生活世界とそれ以外の現実との二つを対比的に扱うものと言うことができる。もとより、こうした二元論的現実論には様々な異同があり、だからこそより高次元（三元論以上）の多元的現実論がより分析的な枠組みとして提唱されることになるわけだが、しかしその一方、徒らに現実の数が増やされ、究極的には無数の現実が羅列されることになれば、多元的現実論それ自体の効力が失われてしまう。また、分析を主眼とする研究者ならともかく、普通の生活者は世界をそれほど多くのカテゴリーで捉えてはいない、ということにも注意しておこう。

日常性＝非日常性という二極こそは、多くの人々が日々の生活において普通に感得することのできる、きわめて根本的な分節にちがいない。たしかに、非日常性というのは包括的な概念であり曖昧に過ぎるという批判もありえよう。聖俗理論における聖の両義性が、カオス・コスモス・ノモス等の三元論によって分析的に調停されたというのは、既に見てきたとおりである。しかし、聖なるものが乱や遊の要素を含み込んだ両義的な概念であり、また現象であるということをよく心得ていれば――そしてデュルケムはもちろんこれを知悉していた――、聖俗二元論においても分析的な見方は十分に可能だ。高次の多元的現実論が低次のそれを包摂できたのと同様、低次の多元的現実論も分析的な視点を持ちさえすれば高次の議論を展開することができるのである。

そして、そうした分析的な視点を備えたうえでの日常性＝非日常性の視角は、次のような戦略的な利点を有しているものと考えられる。

(i) 従来の多元的現実論のエッセンスを包摂する視角だということ。――世界を日常性＝非日常性の分節で捉えるからと言って、この視角は他の多元的現実論を否定するものではけっしてない。そうではなくこれは、従来の多元的現実研究の成果を引き継ぎながら、それを新たな非日常性論の枠組みで捉え返す営みと言うことができる。

(ii) 個人意識と社会意識を貫通する見方だということ。――従来の多元的現実論にはこのうちいずれかに偏ったものが少なくなかった。また、両者がともに俎上に上っている場合でも、この二つのレヴェルが分析的に意識化されておらず、そのため議論に混乱が見られるものがあった。日常性も非日常性も個人意識と社会意識を貫通する概念だが、そうした概念を使用する際、個人意識・社会意識どちらの水準で用いているのかについて常に自覚的でなければならない。

(iii) 日々の暮らしを普通に営む生活者にとってきわめて基本的な分節だということ。——研究者・観察者はともかく生活者・当事者にとっては、祭りにおける聖と瀆聖との区別はそれほど大きな意味を持たない。そのいずれもが非日常的なものとして体験されるというのが普通だろう。もちろん宗教家や宗教学者であれば、非日常的なものの中に真の聖なるものとそうでないものとを峻別することが重要となってくる場面も少なくないわけだが、普通の人々にとってそうした細かい区別は容易ではない。が、日常性と非日常性という分節なら、普通の人々が日々感得しているところにほかならない。主として生活者・当事者の視点に立ちながら、人々の生活世界を日常性と非日常性のセットとして（つまりはその総体として）捉えていこう、というのがここでのポイントである。

(iv) 世俗化の問題に対応することができ、制度的・組織的な宗教が衰退した時代・地域でも有効な視角だということ。——世俗化を端的に宗教の衰微と見るかどうかはともかくとして、世俗化によって聖なるものが大きく変容したことは否定し

ハレとケ
日本の民俗観念における対照的な二つの状態。特別にあらたまった気分を伴うのがハレであるのに対して、ケとはそうした特異性のない日常的な状況のこと。

ようのない事実である。そしてこうした中で聖なる概念を狭い意味で使い続けてしまえば、聖なるものは今日瀕死の重症を負っているということになるのかもしれない。しかしながら、前近代でも近代でも脱近代（後期近代）でも非日常的な社会現象が遍在しているというのはたしかだろう。例えば騒擾、ライヴ、スポーツなどにおける集合的沸騰は、聖なるものであるかどうかはともかくとして、紛れもなく非日常的な社会現象なのである。また、日本社会には聖俗理論は馴染まないという議論があるが、非日常という概念を用いればこの問題も解決可能なものとなる。なるほど、聖と俗というのは西欧的な文脈を多くまとった概念かもしれない。日本ではハレとケという二分法の方が似つかわしく、それは西欧的な聖俗分節とは微妙に（あるいは相当に）違っているという見方も多くあるだろう。これに対して非日常性と日常性という一般的な概念を用いれば、その下に聖と俗ならびにハレとケの双方を含み込むことができる。そしてそうすることで、聖と俗、ハレとケという二組の二分法の異同を子細に検討することも可能になってくるのである。

こうして本章では、日常生活を営む人々が世界を把握する基本的な分節として日常性＝非日常性を取り出し、この視角の理論的な有効性をいくつか示すことができた。独自の深層社会学を提唱し、その一つの層として「人びとを熱狂させ、革新や創造に導く集合的行為」を抽出したジョルジュ・ギュルヴィッチは、多くの社会学者がこの層を無視してきたことを痛烈に批判したが（ギュルヴィッチ 一九五〇 訳一〇二—一〇六）、本章で提起した新たな視角は、この批判を乗り越え、非日常性に関する議論を分析的に深めていくことができるものと考えられる。

喫茶室

新宗教における日常性＝非日常性

新宗教においては来世での救済への志向よりも現世での利益への志向が強い、という指摘がよくなされてきた。たしかに伝統的な宗教と比べてみれば、新宗教に現世利益が目立つというのは総じて事実だろう。しかしながら、新宗教において聖なるものないし非日常性への志向が稀薄かといえば、必ずしもそうではない。修養団捧誠会という神道系の新宗教のケースで見てみよう（島薗進編『救いと徳――新宗教信仰者の生活と思想――』弘文堂、一九九二年）。この団体は、日常的な心の持ちようと日頃の振る舞いをとくに重んじている。その点、宗教法人でありながら、通俗道徳を重んじる修養団体とも相通じるところの多い団体だ。けれども、その信者たちの信仰世界は、けっして日常的な修養のみに留まるものではない。質問票調査で信仰活動を行う際の感覚を尋ねてみると、「ふだんの生活と同様の自然な感じ」と答えた人が五五・三％であるのに対して、「ふだんの生活とは異なるおごそかな感じ」と回答した人は四四・七％となった。また団体のイメージについて訊いてみたところ、「人格の向上、心の修養に努める人々の集まり」とする人が五五・六％いた一方で、「教祖のご霊光を信じ教えに従い、先祖の供養などを行う人々の集まり」と見る人も四〇・五％に上っている。そして実際、この教団の熱心な信者さんたちのお話をいくつもうかがってみると、そこには本当に多種多様な信仰世界がうかがわれた。こうした多様性の大きさは、もちろん修養団捧誠会に固有の特徴にはちがいない。しかし程度の違いはともかくとして、どんな教団にも（新宗教でも伝統宗教でも）一般的に信仰世界の多様性を認めることはできるだろう。宗教に熱心にコミットしている人たちの世界も、やはり一様ではなく多元的なのである。

第四章

世俗化の意味

非日常性の構造について深く考えるにあたり、聖俗理論の系譜とシュッツの多元的現実論は有用な見解を多々提供してくれる。が、非日常性研究として大事なのは構造だけではない。その変容プロセスもまた非常に重要な探究課題となってこよう。近代化というドラスティックな変動は、経済・政治・社会・文化あらゆる領域に対して大きな変容を迫った。そして、それによって聖なるものに代表されるような超越的価値や非日常的行動も、その相貌を著しく変化させることになる。いや、超越的価値や非日常的行動は社会変動の結果としてだけでなく、その原因としても注目されるところだ。では、究極的な価値や意識や行動は近代化と影響し合いながら、どのように変化してきたのであろうか。本章と次章では、世俗化論を導きの糸としながらこの問題に果敢にアプローチしていきたい。

一　宗教変容の諸相

宗教の変容は社会の変動と常に相互影響関係にある。よって近代化と並行する世俗化のみが宗教の変容だったわけではない。宗教は誕生した当初から絶えず少しずつ変化し続け、また断続的に大きな変貌を遂げてきた。そうした長い歴史を俯瞰的に振り返れば、世俗化の意味はより明確なものとして立ち現れてくるにちがいない。

社会変動と宗教変容の関係の歴史をいくつかの段階に分けた研究として、まずはロバート・ベラーによる議論を概観してみよう（ベラー 一九七〇 訳二章）。ベラーは「宗教の進化」を原始宗教、古代宗教、有史宗教、初期近代宗教、現代宗教の五段階として捉え、それぞれの段階における宗教的象徴体系、宗教行動、宗教組織そして宗教的意味合いを明らかにした。彼によれば、原始宗教においては神話との一体化こそが典型的な宗教行動であった。それが古代宗教の段階になると、神話的存在が客体化され、神が前景化するに至る。しかし、いずれにせよこの段階までは宇宙は一元論的に捉えられており、個人と社会は完全に融合していた。

ところが有史宗教の段階になって、初めて超越的で普遍的な領域が自覚されるようになる。そしてここに聖と俗という二元論が確固たるものとして成立することと

進化
進歩としての変化のことで、システムが環境適応性を高めていくプロセス。ダーウィンの生物進化論を社会学的に応用するものが社会進化論である。

なった。宗教集団が出現したのも、また宗教が社会統合機能の他に社会変革機能を持つようになったのも、この有史宗教の段階である。さらにここで明確化された聖俗二つの極は、プロテスタンティズムを代表とする初期近代宗教の段階において直接対峙するようになる。つまりプロテスタントにおいて個人が神と直接向き合うことによって、聖と俗とのコントラストは非常に鮮明なものとなったわけである。また、この初期近代宗教の段階では、宗教がはらむ社会変動への圧力が最も大きくなった。

しかし、この鮮明な聖俗二元論も現代宗教の段階になると、あえなく崩壊してしまう。ただしベラーは、これを一元的な世界観への逆行とは見ておらず、むしろ無限の可能性への飛翔だということに注意を促している。つまり彼は、現代社会において「文化と人格そのものが無限に修正可能である」ことに着目し、「意味の崩壊と道徳基準の破産の状況とされている状況そのものが、同時に人間の行動のすべての領域における創造的な革新のための未曾有の機会を提出している」と主張するのである（ベラー 一九七〇 訳八二）。ベラーにおいて宗教の進化とは、周囲の状況に対する人格と社会の自由の増大のことであった。このいかにもオプティミスティックな進化観に対しては、異論も大いにありえよう。しかし、ベラーが宗教の変容を一元論から二元論を経て多元論への変化として捉えていることは、非常に壮大な宗

ミュトスからロゴスへ
神話から論理へ。すなわち神話的世界観から解放され、論理的に現象を把握するようになること。古代ギリシャ思想における大転回である。

教史分析として高く評価されるものである。

次に、ベラーと同様に宗教の歴史的段階を示したものとして、ジョゼフ・キタガワの議論に目を移してみよう（キタガワ　一九六七）。キタガワは未開宗教、古典的宗教、近代世界の諸宗教という三段階説を唱えた。ここで言う未開宗教とは、神話と儀礼が重要な位置を占め、また人間と自然の区別などが考えられない一元論的な世界観の段階である。これはベラーの議論では原始宗教および古代宗教の段階に相当しよう。次に古典的宗教とは、具体的には古代の中近東、極東、ギリシャ、ローマの諸宗教のことを指しているが、その特徴としては、①ミュトスからロゴスへの解放、②人間／神、現象界／理想界といった相違の認識、③宗教の洗練・体系化の三つが挙げられる。聖と俗との二分法が成立したのはこの段階だ。ベラーの言う有史宗教および初期近代宗教は、キタガワではほぼこの古典的宗教の段階に対応するものと考えられる。そして第三段階の近代世界の諸宗教とは、いわゆる新宗教のことではなく、歴史的な宗教が示す近代的な傾向や風潮のことであり、①人間存在の意義の追求、②現世的救済論の探究、③秩序よりも自由を求める傾向の三つの特徴を持つとされる。これはベラーの枠組みでは現代宗教の段階に照応するということになろう。

このようにキタガワはベラーと同様、二元論の出現に注目する議論を展開したわけだが、その二元論のゆくえに関してはベラーとは異なる見解を持っているようだ。キタガワは「近代人にとって、この現象界は、唯一真実の存在実態」であると言っているが（キタガワ 一九六七 訳六六）、それはベラーの議論に見られた無限の可能性の提示とは明らかにニュアンスを異にする。キタガワは、超越的なものに対する受動性を克服することによって自由を獲得した近代人は、同時に自らの有限性を全て自らに帰さねばならない悲劇的な状況にある、ということを強調していた。

さて、こうしたベラーとキタガワの宗教段階説を受けたうえで井門富二夫は、ベラーにおける〝原始・古代〟と〝有史・初期近代・現代〟との間の懸隔を重視する議論を展開する（井門 一九七四）。井門によれば有史宗教の出現は、神が彼方へと去っていって自らの具象的な姿を消すとともに、この世にあった神々を殺すという「神殺し」を意味していた。また彼によると、初期近代宗教の段階では聖俗二極のうち聖の方がますます見えにくくなり、さらに現代社会では「神殺し」が完遂されるまでになったという。

ただここで注意しなければならないのは、井門の「神殺し」概念がポジティヴな意味合いを含んでいることだ。「神殺し」は単に神観念の超越化や現世的な神の抹消を意味しているだけではない。それは「自分の思いやイデオロギーを正当化するために絶えず絶対者である神の名において自分の主張を権威づけようとする人間に

物神化
モノを神のように崇めること。商品・貨幣・資本など本来的には手段的な存在を目的として崇めてしまうような病理的な過程を指すために用いられる。

よって、彼方に超越するイデーからイデオロギーの段階にひきおろされた（物神化されてしまう）神を、神でないと否定する」積極的な含みを持っているのである（同 一一四）。井門の議論においては、「神殺し」（＝世俗化）は宗教にとってけっして否定的なことではない。それはむしろ、神が世俗の制度との馴れ合いを避けて超越的な姿を保つために為されなければならない不可避の出来事であった。そしてここから、世俗化とはつまるところ非宗教化のことではなく、ただ神が見えなくなっただけのことだという見解が導かれることになる。

二　聖俗分節の変貌

さて以上、宗教の歴史的段階に関する代表的な見解を概観してきたが、三者の議論に共通する最も重要なポイントは、ベラーの言う有史宗教の段階になって初めて聖と俗とが分離したということ、すなわちそれ以前には神や神話と人間が、社会と人間が、そして自然と人間が融合的に存在していたということである。聖と俗の分節を宗教なるものの重要な存立要件と見なしたデュルケムは、聖なる期間において思考の中心を占めるのは「共通の信念・共通の伝承・大祖先の追憶・大祖先を権化とする集合的理想」であり、それはすなわち「社会的事物」だと言う（デュルケム

『宗教生活の原初形態』

デュルケムの代表作の一つの書名。彼は宗教の本質を深く抉るために、部族社会の宗教をもとにした考究を展開した。


一九一二 訳〈下〉二〇六)。つまりデュルケムは功利的な個人的配慮が支配的な俗なる領域と対比させて、聖なる領域を社会性の横溢した場として描出していた。

しかしこれは宗教の変容論においては有史宗教の段階で明示的に顕現する事態である。デュルケムは「歴史には教会のない宗教は存しない」と言明して(同 訳〈上〉八二)、教会の存在を聖俗の分節と並ぶ宗教の二大存立要件としていたわけだが、宗教組織が他の社会構造から分化した形で出現するのは、まさに有史宗教の段階においてである。ただしデュルケムの分析した〝宗教生活の原初形態〟は、もちろん有史宗教の段階ではない。彼の分析対象は、あくまでもベラーの言う原始宗教の段階であった。

こうしたデュルケムとベラーの議論の違いは、おそらく次のような解釈によって解消されるものと思われる。つまり、有史宗教以前の段階でも聖と俗の分節は本源的なものとして存在していたが、それは必ずしも超越的な領域と現世的な領域という形で明確に対峙するものではなかった。ところが有史宗教の段階になると、それまでしばしば混淆していた聖俗がはっきりと分離するようになったのだ、と。

思えばこの聖と俗の融合という事態は、実はいつの時代にもつきまとう。ベラーにおいて聖と俗が直接的に対峙するとされた初期近代宗教の段階における日常生活も、現代人から見れば聖と俗が見事に融和した姿と映ずるかもしれない。というのも、そこにおいて宗教的諸要素は自明のものとして日常生活の中に遍《あまね》く浸透していたからである。プロテスタンティズムの禁欲は「世俗の営みの只中に現れ」、「世俗的日常生活のなかにその方法を浸透させ」ていた（ウェーバー 一九〇四―一九〇五 訳〈下〉一六四）。

聖と俗の混淆・結合・融合は、その形態は様々であるにせよ、ほとんどいつの時代にも看取することができる。社会制度などの俗なる存在は、それが自らを正当化できる（ように少なくとも見える）ようになった現代社会を除いては、常に聖なるものの擁護を必要としていたのである。その意味で、聖と俗との癒着を避けるために常に「神殺し」が行われてきたという井門の指摘は、まさに正鵠を得ていると言うことができよう。

しかしいずれにせよ、有史宗教の段階になって聖なる領域と俗なる領域とが明確に定立されたというのは間違いないだろう。そして、さらにその二元論的世界が現代的変容を遂げて、ベラーの言うような多元的な世界が、あるいは見方を変えれば俗なる領域の一元的世界が現出することになった。これをわかりやすく表現すれば、図2のようになろう。つまり宗教は、聖なるものと俗なるものとの分節が存在し、しかもそれが混在・融合していた段階から、聖と俗の両領域が明確になる段階を経て、聖なるものが少なくとも表面上は見えにくくなる（あるいは見えなくなる）段

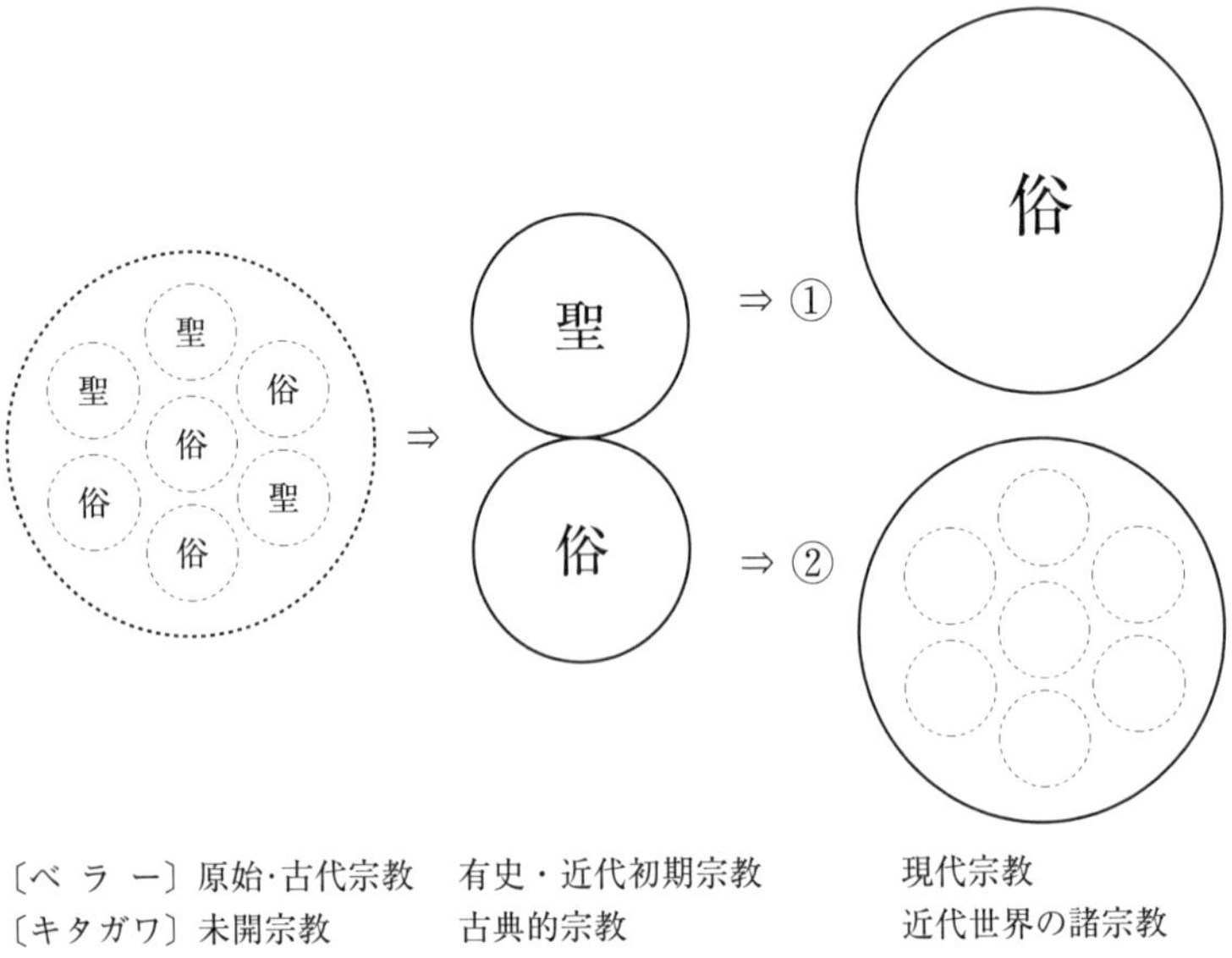

図２　宗教の変容ならびに聖と俗の分節

階へと変貌していったわけである。

　ここで宗教の現代的変容を端的に宗教の衰退と見なすなら、現代社会は図の①に示されたような完全な俗の世界ということになるが、これを宗教あるいは究極的な価値が多元化ないし個人化しただけだと解釈すれば、図の②のように聖なるものが見えにくくなった世界だということになろう。そこで次節ならびに次章では、この二つの異なる見解を検討していくことになるが、ここであらためて注意しておきたいのは、宗教の変容の代表格は世俗化のみにかぎられないということ、つまり世俗化はいくつかの大きな宗教変容のうちの一つだということである。こうした長い時間の流れの中で宗教変容を概観することで、世俗化の意味はより明確なものとなるにちがいない。宗教の現代的変容としての世俗化が注目に値するのは、何もそれが直接現代社会につながるからというだけでなく、聖なるものが見えなくなった初めての変容だったからなのである。

三　宗教の衰退

本書では世俗化という概念を、宗教の現代的変容と包括的に定義するに留める。これを非宗教化という狭い範囲に限定してしまうと、同じく世俗化という概念を用いながら、それは非宗教化を意味しないとする論者（例えば前掲の井門）との対話が不可能になってしまうからだ。世俗化を広く宗教の現代的変容と見なすならば、世俗化論には大きく、これを宗教の衰退と見るヴァージョンと宗教の存続と解するヴァージョンとの二つがあるということになる。この節では前者について検討することにしよう。

マックス・ウェーバーは、初期近代宗教としての禁欲的プロテスタンティズムの倫理が資本主義を推進する大きな原動力となったことを明らかにしただけでなく、「ピュウリタンは職業人たらざるをえない」と言って（ウェーバー 一九〇四―一九〇五 訳〈下〉二四五）、世俗化現象に対しても大きな関心を寄せた。ウェーバーは、世俗化を宗教の衰退と考え、そこに資本主義の自律的展開を見る代表的な論者である。彼によれば、勝利を遂げた資本主義は機械の基礎の上に立って以来、最早禁欲という宗教的支柱を必要としていない。「こんにち、究極かつもっとも崇高なさまざまな価値は、ことごとく公けの舞台から引きしりぞき、あるいは神秘的生活の隠された世界のなかに、あるいは人々の直接の交わりにおける人間愛のなかに、その姿を没し去っている」（ウェーバー 一九一九 訳七二）、というのがウェーバーの近代社会イメージだ。

ここで、究極的価値は公共空間から退却しただけであり、それは私的な世界のうちにしっかりと存続していると積極的に主張するなら、もちろんそれは非宗教化を強調する議論とは言えない。しかしウェーバーの場合、そういう主張は見受けられない。彼は、宗教と現世との間に緊張関係が生じ、これによって宗教が非現世的になるとともに現世の側が無意味化の方向へと進んでいくプロセスについて詳しく論じているのである。宗教と現世との間の軋轢は、まずは経済領域において見て取ることができる。「近代の合理的資本主義における経済の秩序は、それに内在する固有な法則性にしたがって動くようになればなるほど、およそ宗教的な同胞倫理とはいかなる関係ももちえないようなものになってくる」。次は政治だ。「政治が『即事象的』で打算的なものとなればなるほど、また激情、憤怒、愛情などを欠いたものとなればなるほど、およそ政治は、宗教的合理化の立場からすれば、ますます同胞倫理とは無縁なもの」となった（ウェーバー 一九二〇 訳一一三、一一九）。さらに、同様のプロセスは審美的、性愛的、知的諸領域にも見受けられる。つまり、現世的な組織の合理化と宗教の非現世化は、あらゆる領域に浸透したというわけである。

しかし、どれほど合理化プロセスが進行しようとも、現世は自らを全ての面で合理化することができない。現世には依然として不完全、不正、苦難、罪、無常といった様々な非合理性が残っており、俗なる世界の合理性によってもそれらは解決されえないので、結局現世は無意味化の方向へと進まざるをえなくなる。このウェーバーの議論は、一元化した俗なる世界の危うさに警鐘を鳴らす、鋭い現代社会批判になっている。

ここでウェーバーは必ずしも宗教の衰退について明示的に語っているわけではない。しかし彼が世俗化を非宗教化と見ているというのはまず間違いないだろう。なぜなら彼は、まさに聖なるものが立ち去り、あるいは拡散してしまったことにより、現世の無意味化が起こるということを示したからである。ウェーバーは、近代化し

カリスマ
神の賜物。超人間的・非日常的な資質のこと。ウェーバーによる支配の類型には、伝統的支配・カリスマ的支配・合法的支配の三つがある。

た以降の社会における宗教の役割に関して、相当に悲観的なイメージを抱いていた。

さて、ウェーバーと同様に世俗化を非宗教化現象と見なし、さらにウェーバーよりも明確に宗教の衰退について語った論者としてブライアン・ウィルソンを挙げることができる。ウィルソンは欧米における教会出席率の低下や、その他各種世論調査のデータなどに基づいて、宗教をめぐる諸事情の劇的な変容について実証的に論じた。また彼は、宗教的なものはあらゆる行為に見いだせるとする見解に反対し、人間の愛情探求やロックのライヴにおける熱狂などを宗教的行為と見ることを峻拒している。「洗車という行為がたとえ毎日曜の朝に行なわれるからといって、それが宗教的行為であるとか、あるいは現代世界における人間の『究極的関心』の表出であるとは信じられない」というわけである。さらにウィルソンによれば、今や宗教は「児戯や詩やもしくはポップコーンと同類のきわめて私的な好みとなって」おり、「宗教が以前もっていた多くの機能、特に社会統制の機能を失い、また公的生活の主要な領域から一様に分離」してしまった（ウィルソン 一九七六 訳二三、一四八、七二）。

もちろんウィルソンは、世界中に見られる新たな宗教運動の展開を看過しているわけではない。しかし彼によれば、そうした新しい宗教は現存する社会秩序とはほとんど無縁で、社会統合や文化維持の機能を果たしてはいない。また、カリスマ的

私事化
社会的な諸事象が個人的・私的な事柄として観念されるようになること。また、個人的・私的な事柄が社会的な諸事象の中心となるように観念されること。

リーダーシップも今日では衰微しつつある。ウィルソン見るところ、「少なくとも西欧世界ではキリスト教信仰が極度に衰退していることは明らか」なのだ（同訳二二五）。

こうしてウィルソンは、多元化・私事化しながらも宗教はしっかりと息づいているという見方に真っ向から反対するわけだが、同じ立場に立つ論者に、カオスに積極的な意義を見いだした人物として先に紹介した竹内がいる（竹内 一九八一 第九章）。竹内は世俗化の契機として、①宗教の私事化と多元化、②聖と俗との完全分極化、③聖と俗との不分明化の三つを挙げた。このうち第一と第三の契機は宗教の現代的変容に特有のものだが、第二の契機だけは近現代になって初めて現れたものではない。聖と俗の分節は、ベラーの言う有史宗教の段階で明確になり、初期近代宗教にも残っていたわけだが、現代宗教の段階で崩壊した。しかし、聖俗区分の崩壊は何の前兆もなく起こったわけではなく、既に聖と俗の領域が明確になった頃から準備されていたと言っていいだろう。ウェーバーは、初期近代宗教の倫理が資本主義を強力に推進しながら、その結果として世俗世界の自律的な展開を可能としてしまったアイロニカルな事態を活写し、また井門は、有史宗教の出現からいわゆる世俗化までを、なべて「神殺し」ないし神の「イデー化」として捉えているが、これらはいずれも聖俗分節の明確化それ自体が後代の世俗化現象につながっている

世俗内禁欲　ウェーバーによる分析概念。修道院などに隠遁することなく、日常生活の中で労働に励み節制に努めることによって神の国の実現を目指すプロテスタント的な態度のこと。

ことを示しているのである。

竹内はウェーバー流に、「いったん俗の合理化が軌道に乗ってしまえば、もはや超越的な聖の存在（およびそれに支えられて成立した〈世俗内禁欲〉）など不必要となるのは目に見えており、こうして聖をすっかり棚上げしてしまった俗の合理性だけが、西欧という母胎を離れて全世界に伝播し、各社会の総体を覆いはじめているのが現代」なのだと言って（竹内 一九八一 三七五）、現代における聖と俗との関係そのものの解消を問題にした。この立場からすれば、今日の社会に宗教の存続を見るいわれはほとんどないということになろう。聖と俗とが分離し、しかも俗が聖を全く必要としなくなれば、たしかに宗教の意義は激減せざるをえなくなる。ウェーバーもウィルソンも竹内も、合理化され尽くした現代社会における宗教の積極的な意義をほとんど認めていない。

では、世俗社会が宗教的な支えをあまり（ほとんど、あるいは全く）必要としなくなってきたということは、現代社会の諸集団・諸組織・諸制度は自身を正当化する能力を身につけたということを意味するのだろうか、それとも他の何らかの正当化根拠に頼っているということなのか。また個人レヴェルで考えると、こうした状況にあって人は不安に苛まれたり、あるいはウェーバー流に「堪える」しかないのか、それとも他の何かに拠り所を見いだしているのであろうか。こうした問題に本格的にアプローチするためには、宗教の現代的変容を宗教の衰退と見なす議論だけでなく、今日でも宗教（的なるもの）はそれなりに意義深いものとして残っているとする議論も十分に検討しておく必要がある。聖と俗とが分離したとしても、俗が聖やそれに類するものに全く頼らずに展開するとはかぎらない。そこで次章では、まず宗教の存続説を取り上げることにしよう。

第五章

超越性の存続

　聖と俗とが混淆していた状態から、それが明確に分離する状態へ。その変化が起こったときから、既に聖なるものは俗なるものから遠ざかる運命だったとも言える。ただし聖なるものが世俗世界から隔てられていることそれ自体は、俗なる領域の自律的な展開のみを意味するとはかぎらない。聖なるものは世俗と容易には馴れ合わないピュアな存在であるからこそ、現世を強力に正当化することができるという説もある。また、制度的・組織的な宗教の力が遠景に遠のいてしまったのが事実だとしても、それとは別種の聖なるものや、あるいは究極的な価値の類が今なお個人や社会の支えになっているという見方もありえよう。世俗化現象を単純に宗教の衰退と見る議論だけに安住することなく、探究の歩みをさらに一歩前へと進めてみたい。

一　宗教の存続

デュルケムもウェーバーと同様に世俗化の問題に関心を抱いており、科学が「宗教から出て、認識的および知的機能にかんするすべての面で、宗教にとって代わろうとしている」事態に注目した（デュルケム 一九一二 訳〈下〉三四六）。これはすなわち、宗教と知的領域との間に生じる緊張関係としてウェーバーが論じていたことと同じである。しかしデュルケムはウェーバーとは違って、宗教と世俗の諸領域との間の軋轢の増大をもって、世俗化すなわち非宗教化とは見なさなかった。デュルケムによれば宗教には、行動を喚び起こしそれを規定する機能と、思考を豊富にしこれを組織化する機能の二つがある。たしかに宗教はこのうち思考の面を科学に明け渡した。が、「宗教が行動であるかぎり、人々を生かす手段であるかぎり、科学はそれに代わりえない」（同 訳〈下〉三四七）。

ウェーバーは、宗教が経済的・政治的・審美的・性愛的・知的諸領域との間に緊張を生じ、全体として現世拒否の方向へと向かう動向を見て取った。これに対してデュルケムは、宗教は現代においてもなお意味を持つと言う。もちろんデュルケムも、既存の宗教や究極的な価値の大きな変容には無関心ではなく、例えば、「キリスト教が人間の平等と友愛とに対して作った観念は、今日では、不公正な不平等に余りにも大きな余地を残している」と述べて（同訳〈下〉三四二）、世俗化以降の宗教のありように懐疑的なまなざしを向けたりもする。しかしそれでもなお彼は、宗教に人々を生かす力を見ていた。その点デュルケムは、ウェーバーほどには宗教の今後に対して悲観的にはなっていないのである。

人間の生きる拠り所として宗教は存続する、というこの見解は、その後の宗教社会学の流れではトーマス・ルックマンの所説に典型的に見ることができる。ルックマンは宗教を教会と同一視する見方を断固として拒否するため、現代社会における教会志向型宗教の衰退を認めながらも、これをもって宗教それ自体の衰微とは見なさなかった。彼は宗教を狭く本質的に定義する方法をしりぞけ、これを広く機能的に定義することを提唱し、「自己形成へと導く社会過程を根本的に宗教的なるものとみなすことができる」と主張する（ルックマン 一九六七 訳七二）。そして彼もデュルケムと同様に、人間が社会へと参入し、そして生きていくための拠り所としての宗教の機能の不滅を謳ったのである。

たしかに既存の宗教制度や宗教組織の衰退は否定できないし、宗教の持つ社会統合機能の低下も明らかだ。しかしルックマンによれば、これは宗教の衰退を意味するのではなく、「宗教は私の事柄になった」に過ぎない。伝統的に聖なるコスモスの管轄権とされてきたものは、今日では「私の領域」に限られるようになってしまったが、それでも何らかの究極的な意味が諸個人の生を支えているというのは変わらない。そして今や、雑誌の相談欄やヒット曲の歌詞や有意味な他者などといったものが究極的な意味のモデルとして――つまりは「見えない宗教」として――機能するようになったのである（同 訳一四一、一四八、一五五）。

もちろんこうした究極的意味体系は多数存在し、個々人にとってそれぞれ異なるため、流動的で不安定であることを免れえない。しかしそうであったとしても、それらは大切な究極的意味体系として諸個人に受け入れられている。かつて共有度や確実性の高かった聖なる領域がはるか彼方に遠のいてしまった現代社会にあって、人々はそれぞれ自律的に自らの拠り所を選んだり作ったりせざるをえないのである。

ここで、ルックマンの学的盟友であるバーガーの次なる議論に耳を傾けてみよう。「宗教が公的にはレトリックとして、私的には美徳としてその姿を現わしている。いいかえれば、宗教が公共のものである限り〈実在性〉を欠き、それが「実在」である限りは公共性を欠いている」（バーガー 一九六七 訳二〇六―二〇七）。公共性には乏しいが、しかし個々人にとっては強く心に響いてくるような究極的価値。それを宗教と呼ぶべきかどうかに関しては議論が分かれるが、上のように宗教を機能的に規定するルックマンは、もちろんこれを宗教のうちに含めた。その定義自体には

市民宗教
ベラーの用語。アメリカ国民全体を覆う公的な宗教性のこと。

異論もありえるわけだが、少なくともルックマン流の機能的な宗教規定を受け入れるかぎり、宗教が今なお存続しているというのはごく自然な事実認識となるであろう。

さて、こうした究極的な意味や価値の付与という宗教機能の存続とは別に、伝統的な宗教形態が根強く残存している国が先進国の中にも少なくない。例えばアメリカ合衆国の国民は概して信仰に篤く、各種社会調査では八〜九割が宗教を持っていると回答する。はっきりと無信仰を表明する者はほとんどいない。その背景には、アメリカでは教会が内部で自らの強力な世俗化を敢行したという事情がある（ルックマン 一九六七 訳五四、バーガー 一九六七 訳一六六）。また、それゆえアメリカ的なキリスト教がキリスト教それ自体というよりは、むしろアメリカ教と呼ぶべき様相を呈しているということも見落としてはならない。ちなみにこれをベラーは「市民宗教」と称している（ベラー 一九七〇 訳十一章）。こうした複雑な事情は、まさに現代社会における聖なるものの多義性を示していよう。そしてその多義性ゆえにアメリカは高度な世俗社会であるとともに、高度な信仰国になっているのである。

さらに、エリアーデやカイヨワなどは、映画、賭博、政治的カリスマ、戦争、性関係など様々なもののうちに、現代における聖なるものの顕現を見ている。宗教が多元化・私事化したことで、諸個人はこうした種々様々なところに聖なるものを認めることができるようになったと言うことができよう。もちろん、これらに宗教性を読み取ることに強い反発を覚える人も少なくないだろう。しかし、ルックマンの議論に代表されるような広い視座を持つことで、宗教的なもの・聖なるもの・超越的なもの・非日常的なものがはらむ意味についての分析的な解明作業が進展するのは間違いないことのように思われる。

以上、現代社会における宗教の存続局面について概観したが、宗教ないし聖領域の不滅を説く議論の要点は、次の二つに集約することができよう。まず第一に、宗教の社会統合機能がいかに衰微しようとも、超越的な観念は諸個人の精神や行動に対してそれなりの規定力を持ち続けるということ。これは制度宗教や組織宗教にとっても、また広い意味の究極的意味体系にとっても、ともに当てはまることである。そして第二に、現代社会における集合的な儀式やそこでの熱狂、あるいは個人的な超越性の体験などが、宗教的なそれときわめて近似しているということ。真の宗教性というのを見極めるのは、研究者にとってはもちろんのこと宗教家にとっても非常に難しい。それに鑑みれば、現代社会における超越性絡みの諸現象を一概に非宗教的と断ずるわけにはいかないだろう。

約言するならば、宗教存続論には、機能面での存続を説くものと現象（形態）面での存続を説くものの二つがあるということになる。宗教的な機能と宗教的な現象の二つは、もちろん実際、相互に絡まり合ってはいる。しかしながら、同じ宗教的機能を見せるものが同一の現象であるとはかぎらない。また、同一の形を持つ現象が常に同じ機能を発揮するともかぎらない。宗教の現代的変容を見極めるにあたって、この二つを分析的に分けておくのはとても大事なことにちがいない。

二 世俗化の実相

われわれがここまでに見てきたのは、世俗化に関する二つの議論、すなわち宗教の衰退を看取した議論と宗教の存続を謳った議論であった。この二つは全く逆の主張をしており、そのため一見、折り合いが悪いように思われる。だが、本当にそうなのだろうか。

宗教の衰退を説く議論は、主として宗教の社会統合機能に着目して、その弱体化を論じた。一方、宗教の存続を説く議論は、宗教は個人化し多元化しただけだと主張して、その不滅を謳っている。しかし、この二つは実は互いに背反するものではない。ウェーバーが明らかにした究極価値の公の舞台からの引退や価値観の多様化は、まさしく宗教の個人化・多元化を意味するものだし、他方ルックマンが指摘する究極的価値の流動化・不安定化もウェーバーの議論とオーヴァーラップするところが少なくない。つまりいずれの議論も、既存の宗教制度・組織ならびにそれらの有していた社会統合力の衰微と、そして究極的価値の個人化・多元化をともに認めているのである。世俗化現象の認識に関して、実は双方の間にそう大きな差は見られない。

にもかかわらず、宗教の衰退と存続という正反対の結論が導かれるのは、宗教なるものの定義が違うからだ。ウィルソンが既成化された制度・組織として宗教を狭く捉えていたのに対して、ルックマンはこれを究極的な意味体系一般として広く規定していた。宗教を狭く捉えるか広く捉えるか、本質的に定義するか機能的に定義するか、社会現象として考えるか心理現象として考えるか等々によって、世俗化現象の捉え方は様々に異なってくる。

ルックマンが宗教を、社会を維持し個人にアイデンティティを与える象徴的世界一般というように広く捉えたのは、宗教を教会と同一視する教区社会学の皮相性を打破するためであった。意味世界の問題に関心を払うことなく、宗派所属の如何とか教会出席率の多寡などにばかり拘泥していても、宗教現象の深みは少しも見えてこない。これに対して、ルックマンは宗教的な意味現象の真髄に迫るべく、宗教の定義を機能的なものに、そして結果的に広いものに変えたわけである。

ところが、このルックマンの革新に対しても批判は少なくない。例えば、宗教定義をここまで拡げてしまうと、宗教という概念の分析力がかえって低まってしまうという指摘がある。また、多元化・私事化した意味世界ばかりに焦点を集中すると、宗教の社会的意味が見えにくくなってしまうという問題もあろう。さらに、ルックマンと議論の多くを共有するバーガーも、宗教を即人間なるものと等しいとするルックマンの規定を疑問視しており、例えば近代科学を宗教の一形式だと認めたとしても、結局今度はそれがいかに日常用語としての宗教と異なっているかを示さなければならなくなってくる、と述べた（バーガー 一九六七 訳二六六）。

しかし、おそらくルックマンの宗教社会学の最大の功績は、まさに、広い意味での宗教のない個人も社会もないということを示したことにあるのかもしれない。つまり人は、そして社会は常に拠り所を必要としているということを明示したのがルックマンなのだ。安易な宗教衰退論は、俗なる世界の自律的な展開を過剰に強調する。しかし超越的ないし究極的な価値の全てが消失し、世界が本当に機械的にのみ回るようになったなら、ウェーバー流のペシミズムやニヒリズムを気取ることすらできなくなるはずだ。そして考えてみれば、ウェーバーが問題視していたのは、現代的状況において価値の全てが消え去ったことではなく、むしろ諸々の価値が乱立していることであった。もちろんそうした状況の中、どの価値にもコミットできず辛い状態に陥るという場合もあるにちがいない。が、その一方で、数ある価値の中から一つないし少数を選んで生きる支えとするというケースも大いにありえよう。既成の宗教が衰退したとしても、それは社会や個人が超越的な拠り所を必要としなくなったということを少しも意味してはいない。頼りになる価値は、ルックマンの指摘するように様々なところに認められるのである。

ただし、ルックマンの宗教把握にはこうした利点があるとは言え、すぐ前に掲げた日常用語との齟齬という問題はなかなか払拭されえない。たしかに、音楽体験などに聖なるものを看取する場合は少なくないだろう。けれどもその一方、雑誌の相談欄やヒット曲の歌詞などに宗教性を見いだそうとする議論に対して強烈な抵抗感を覚える人も大勢いるものと思われる。ならば、どうすればいいのか。実は、いっそのこと宗教という概念を用いるのをやめてしまう、というのが一番の方策である。

デュルケムとウェーバーはキリスト教の伝統の中でその力をあまりにも強く信じたがゆえに、一方は宗教の機能の一部の存続を説き、もう一方は宗教の後退による無意味化の地獄を予測した。こうしたこだわりは、その後の欧米系の宗教社会学者たち、例えばウィルソンにもバーガーにもルックマンにも共通して見られる。宗教という言葉を非常に広く用いたルックマンは、それでもなおこの言葉に拘泥して「見えない宗教」という表現をしたからこそ、そもそも宗教とはそのようなものではないとする陣営から強烈な批判を受けることになったのである。せっかく社会を維持し個人にアイデンティティを与える象徴的世界一般を強調するのであれば、わざわざこれを宗教と称する必要はないのではなかろうか。これを宗教と呼ばず、何か別の上位概念を設定していれば、ルックマン批判はもっと穏やかなものになったものと思われる。

しかしここでのわれわれの目的は、こうした上位概念に何らかの名前を授けることではないし、またその下位レヴェルのタイプ分けを試みることでもない。そうではなく、世俗化に関する議論に共通するエッセンスを抽出し、個人と社会にはともに拠り所が必要だということを確認することこそが肝要であろう。かつて個人と社会は制度的に確立した宗教という共通の拠り所を有していた。ところが今日では既存の宗教の社会統合力は失われ、個々人はそれぞれ別個に自らの拠り所を求めざるをえなくなった。人々は各々、マスメディアの流す情報や芸術的な趣味や勤め先や家庭や逸脱行動や科学や宗教など、様々なものの中に拠り所を見いだしているのである。こうした種々の拠り所には、社会的な共有性の高いものから低いものまで様々なものがあるが、それらはいずれも「超越的」な存在と言うことができよう。人は自分自身だけでは己を正当化することができないので、外的な拠り所を求めるわけである。

翻って、社会のレヴェルにおいても、個々の集団・組織は超越的な拠り所を必要としている。たしかに、俗なる社会の諸機関がかつてのようにその正当性根拠を宗教に求めていないというのは明らかである。しかし、例えばアメリカにおける大統領選挙・大統領就任演説や、日本で建築を行う際の地鎮祭など、今でも宗教性によって陰に陽に支えられている世俗的な行事ないし手続きは少なくない。また、こうした伝統的な既成宗教とは別に、その対極に位置すると考えられてきた合法性や効率性や合理性などがそれ自体、各種の集団・組織にとって超越的な正当性根拠となっているということにも注意しておこう。新制度派組織論が説くように、近代的な集団・組織が実際にいつも効率的に動いているとはかぎらない。けれども決定的に大事なのは、効率的に動いているにちがいないという信憑性の方である。つまり合法性や効率性や合理性などは、それ自体、それぞれの集団・組織を正当化する近代的な「神話」として機能しているのである。

ちなみに科学的合理性の関係で付言すれば、コペルニクスの地動説でさえ、太陽崇拝主義によって支えられていたというのは、科学史の教えるところである。また、複雑に分化した現代の組織状況において、当該の集団・組織にとって上位のそれが超越的な正当性根拠となっているということも見落としてはならない。個々の企業組織はこうしたハイアラーキカルな構造の中で自らの機能を発揮している。さらに、科学者集団の研究が政治家集団の思惑の強い影響を蒙るケースも往々にして見受けられよう。

このように、個人のみならず集団・組織もまた、その拠り所を外的なものに（例えば合法性・効率性・合理性神話や上位集団・組織などに）求めている。ここで、こうした外的な拠り所の数々は、なべて「超越性」なる概念で一括することができよう。もちろんこれに対しては、経済的な効率性や科学的な合理性などは宗教のような超越的な拠り所とは言えないのであって、今や俗なる世界は自らで自らを正当化できる装置を内部に備えるに至ったと見るべきだ、という反論が寄せられるかもしれない。しかしそうした見方をするならば、かつて絶大なる社会統合機能を誇った宗教も、実は俗なる世界の正当化のために〝俗なる世界の中に〟備えつけられていた、という解釈が同様に成り立つにちがいない。かつての宗教が俗なる権威のために利用されてきたケースは枚挙に暇がなく、他方、今日の政治的・経済的・科学的合理性や上位の集団・組織が超越的なものとして立ち現れる場合も少なくないのである。こうしたことに鑑みれば、個人にとっても集団・組織にとっても超越的な拠り所は歴史を貫通して確実に存在し続けてきたし、これからもそうだろうと言って間違いはあるまい。

ただし、こうして超越的な拠り所の不滅を謳うからと言って、その変容過程に無関心であってはならない。そしてこの変容は、宗教の現代的変容と同様、個人化と多元化として捉えることが可能だ。これは個人レヴェルと集団・組織レヴェルの双方にともに妥当していよう。つまり、個人にとっても集団・組織にとっても外的な拠り所は多数あり、しかもそれぞれの個人・集団・組織は個々別々にそれを選択することができる、というのが現代社会における超越性の実態なのである。

ところで超越的な究極的価値は、ほとんどの場合、非日常性として顕現する。では非日常性なるものは、どのような構造のもとに存立し、またいかなる変容を遂げているのであろうか。続く第六章と第七章では、これまでの議論をもとにして、非日常性の構造とその変動についてさらなる探究を行うことにしよう。

第六章

日常性の中の非日常性

人々が営む日常生活の中では、様々な非日常性が体験される。例えばそれは、祭りやパーティーやライヴやコンサートなどといった集合的な非日常性であったり、また夢や瞑想などといった個人的な非日常性であったりする。既にわれわれは第一章〜第三章において、聖俗理論の系譜ならびにシュッツの多元的現実論を導きの糸として、人々によって生きられる現実を日常性＝非日常性の分節で捉える視角を提示した。本章ではその視角による探究をさらに推進することによって、非日常性の意味ならびに構造の深奥に可能なかぎり迫ってみたい。

一　非日常性の意味

宗教社会学の領域では、宗教には社会の秩序を維持し人々に統合をもたらす機能と、既存の制度に挑戦しこれを革新していく機能の二つがあることが確認されている。宗教は諸個人を結束させ社会構造に正当性を付与する力とともに、その構造を超越的な立場から批判する力をも有しているというわけである。しかしこの二つを持つ象徴的世界は、宗教ばかりとはかぎらない。例えば革命における集合的沸騰は、内部において連帯をもたらしながら有意な体制批判を行っていくし、また逸脱的な文化やそれに基づく集団も、内側での統合と外側へのチャレンジをともに誇示するのが通常である。さらに、大衆文化が一つの大きなまとまりを示しながら、既存の良識や権威を告発する作用を果たしているのも、よく知られるところだ。

しかも、そうした集合的沸騰や逸脱的集団や大衆文化といったものは、内的な結束を強めているだけでなく、周囲の社会構造全体の強化にも貢献している。この問題に関しては、ターナーによる身分逆転の儀礼の分析が参考になろう。ターナーは、未開社会におけるこの種の儀礼が構造的劣位者による社会浄化の意味を持っていると説き、それが結果として構造の再生・強化をもたらしていることを明らかにした。こうした場で発揮される鋭い批判力は、結果的に体制の強化に結びつくことが少なくないのである。

これはすなわち、非日常性が日常性の維持に貢献するということにほかならない。宗教やその他の非日常性の数々が体制に対して挑戦を行うというのは、社会構造の全てを破壊し尽くしてしまうということを意味しないし、実際歴史上そのようなことはなかった。そうではなく体制への挑戦は、別の〝望ましい〟体制を準備しながら社会構造を刷新・維持していこうとする試みなのである。エリアーデが、カオスの状態に戻りコスモスの再建が行われる儀礼に注目したのも、ターナーが、反規範的で周縁的なコムニタスが結果として構造の強化に与るという事実を喝破したのも、いずれも非日常性が日常性をダイナミックな形で支える凄みに打たれたからにちがいない。

それではこの日常性と非日常性という分節は、いかにして成立するものなのだろうか。この分節は実はあらゆる社会、全ての個人で様々に異なっている。例えば僧侶にとって僧坊での暮らしは日常生活だが、俗人にとってはそうではない。年間の半分以上をリハーサルと本番に費やしているアーティストにとって舞台は日常的な場だが、多くの観衆・聴衆にとってそれは非日常の場だろう。また、ある地域社会の日常は、そこから遠く隔たった別の地域社会の人たちにとって非日常と映ずる。国内にせよ国外にせよ観光という営みが非日常性体験として成立するのは、そうした日常性＝非日常性の相対性ないし反転構造があるからだ。個人も社会も、それぞれ独自の日常性＝非日常性の分節を持つ。そして、それは常に変化しうるものだと言うことができよう。

コムニタス
ターナーの概念。構造に対する反構造の状態で、境界性・周縁性・構造的劣位性などといった側面を持つ。

ここで、規則的・反復的に行われ、しかもそれが個人や社会の意味世界の維持に直接的に結びついているような行為が日常的行為であり、それ以外が非日常的行為であると言って、まず差し支えはないだろう。よって繰り返し行われていた行為も、その頻度が下がると非日常性の領域になるし、反対に非日常的な行為も、頻度が上がって規則的になってしまえば日常性と化す。つまり多元的な現実の諸領域全ては、日常性にも非日常性にもなりえるのである。そして、日常性は非日常性との対比において、また非日常性は日常性との対比において初めて成立する。この二つが相互補完的、相互依存的な関係にあるというのは、繰り返して注意されてよい。

そしてこの日常性＝非日常性の分節は、聖俗理論の系譜においては、まずは俗と俗以外（聖・遊・乱など）の対比として捉えることが可能だ。例えば祭りはすぐれて非日常性を体現するものだが、そこには聖・遊・乱といった諸要素があって、いずれも俗なる領域ないし日常性を更新するのに貢献している。また、カオス・コスモス・ノモス図式では、カオスとコスモスは非日常性に、そしてノモスは日常性にそれぞれ対応していよう。ここにも相互依存的な関係性が見られるというのは言うまでもない。

ただここで問題となるのは、すぐ前に述べたように、多元的な諸現実は全て日常となりうるということ、つまり聖・遊・乱ないしカオス・コスモスはいずれも日常性として顕現する可能性があるということである。たとえ聖と俗の分節が明確な社会であっても、宗教的な体験は非日常的であるとばかりはかぎらない。それが日常性の一部となっているという場合もあるのである。ちなみにこの問題は、日常性なるものが限定された一領域であるとともに諸領域の総体でもあるということとも密接に関連していよう。

ところで、われわれが日常性＝非日常性という大きな分節に着目したのは、それが普通の生活者の考え方であり、また生き方であると思われたからであった。人は、聖・俗・遊・乱といった諸領域を分析的に把握していないかもしれない。が、少なくとも日常性＝非日常性という区別は行っているのが普通だろう。そしてこの二つの大きな領域は、互いを支え合う関係にある。例えば、個人のレヴェルに定位して見てみれば、現代社会において趣味や余暇の領域（スポーツ、音楽、旅行など）が重視されているのは、宗教のような制度化された究極的価値が後景にしりぞいたため、それに代わる非日常性への「跳躍」が求められているということにちがいない。つまり非日常性への「跳躍」は、いつの時代でも日常性を相対化し、これを更新する役割を担っているのである。

二　自明領域の共有の大切さと難しさ

このように日常性と非日常性は、個人のレヴェルでも社会のレヴェルでも、また構造的にも機能的にも互いに依存し合っている。では、そうした関係にあって、日常性なるものが日常性＝非日常性の一つの項でありながら、同時にその総体でもあるというのは、いったい実際の社会生活においてどのようなことを意味しているのであろうか。第二章・第三章の流れを振り返れば、シュッツの議論において日常生活世界は、内的に一貫しており固有の認知様式を有するという意味において、数ある限定された意味領域の一つとして捉えられる一方、他の諸現実の基礎をなし社会性に満ち高度なコミュニケーションが可能だという点で、至高現実とされていた。

ただし、ここで「至高」というとき、そこに価値的な含みは存しない。他の諸現実にベースを提供するというのも、共同性のレヴェルが高いというのも、それは一義的には事実としてそうなっているというだけのことであって、道徳的・倫理的に望ましいということを意味してはいない。したがって、偉大な宗教家がこの世を仮の宿と見なし、真の究極的実在ではないとするからと言って、また精神に変調をきたした人が俗人の日常世界とは異なった世界を自明視しているからと言って、日常生活世界は至高現実ではないと主張してシュッツを批判するのは（青井　一九八〇　二五九）、いささか的外れのように思われる。またその反対に、シュッツの議論のうちに現実相対論的な色合いを過度に読み込むのも、やはり不適切であろう。シュッツの多元的現実論は「宗教や芸術などの非日常的な現実の、いわば市民権を認める」ものだとするのは（園田稔の見解、バーガー　一九六七　訳者あとがき　二八七）、さすがに行き過ぎのように思われるのである。

何もシュッツは日常生活世界を価値的あるいは宗教的な意味で究極的な実在とは言っていないし、さりとて夢や幻想などの他の諸領域を日常生活世界と全く同等に扱っているわけでもない。事実、この点を明確にするために彼は、自発的行為の表明としての想像と単なる空想とを峻別したうえでドン・キホーテの世界を分析し、「ドン・キホーテは活動（working）の世界の境界を踏み出してはいない」のであって、彼の想像の世界にしてみれば「風車は現実ではなく単なる現れ、単なる幻想」だったのだ、と言明しているのである。ドン・キホーテは、通常の日常生活世界（＝至高現実）とは異なる独自の「下位宇宙に対して現実のアクセントを付与し続ける」。そして「彼の活動の世界という現実の中に存在しているのは、想像された巨人ではなく現実の巨人」なのであった（シュッツ　一九六二　訳四六、一九六四　訳一九三）。

自然的態度
フッサールによる現象学の用語。日常生活において、世界存在についての根本的な疑念を排し、この世を自明視して生きている態度のこと。

ドン・キホーテがホームベースとしていたのは単なる空想の世界ではない。それは自発的行為の表明の世界だった。この分析だけをもってしても、シュッツの至高現実なる概念が何ら価値的なものを含んでいないということがわかるであろう。シュッツはまた、次のようにも言っている。「正気と狂気の意味は、その範囲内でのみこうした尺度が妥当するにすぎない下位宇宙に依存してはいないだろうか。われわれの下位宇宙のすべてを総合している宇宙全体においては、いったい何が狂気で、何が正気なのであろうか」（シュッツ 一九六四 訳二一七―二一八）。つまり、各人および各集団・組織には、それぞれが自然的態度をもって受容する自明世界がある。そして、その各々の自明世界ごとに正気と狂気の分別が生じるというわけだ。

しかしここで、正気と狂気の分別の根源的なところでの恣意性、あるいは個人・集団・組織ごとの自明領域の相違に気がついたシュッツが、それでもドン・キホーテの自明世界を彼にとっての「至高現実としての日常生活世界」とは呼んでいない、ということに注意しておかなければならない。ドン・キホーテはあくまでも日常生活世界以外の領域にアクセントを置いた、とされているのである。ならば、至高現実としての日常生活世界とは、いったい誰によって自明とされている世界なのだろうか。おそらくこれは、〝一般の人々〟によって（あるいは大多数によって）としか答えられない問にちがいない。

もちろんこれは明確な回答にはなっていない。なぜなら〝一般の人々〟という規定そのものが、ある一つの自明領域の内部でしか成立しないものだからである。換言するならば、原理的には個人・集団・組織ごとに〝一般の人々〟という規定が変わってくる可能性を否定するわけにはいかない。しかしながらそれでもなお、社会学的想像力を働かせる場合は、いや、より一般的に社会生活を送るためには、この〝一般の人々〟によって自明とされる日常生活世界なるものを、まさしく自明なものとして設定し、また受容しておく必要があろう。

こうして、日常生活世界の範域の画定は、研究者にとっても生活者にとっても、まことにもってクリティカルな問題となる。〝クリティカルな〟というのは、つまり重要でかつ難しい問題ということだが、その重要さとはすなわち、自明領域を画定しないと意味世界が安定しない（より正確には意味世界が始まらない）ということを意味している。けれどもその自明性に関して全ての主体の合意を取ることは難しい。と言うより、それは不可能である。つまり、社会を構成する各主体は――個人主体であれ集合体主体であれ――、全体の合意を取りつけるのは不可能だと知りつつも、多くの主体の合意のもとに共同の自明世界（すなわち日常生活世界）を創出・維持・刷新しようと何とか努力しているわけである。

多元的現実とは、何も各主体の内部における活動や夢や幻想などといった諸領域のことだけを意味するのではない。それは、自明とされる領域そのものがそもそも多元的であるということをも示しているのである。

三　活動の世界の捉え方

さて、それではシュッツはいかにして日常生活世界をコミュニケーションが最も横溢する領域と見なしたのであろうか。シュッツにおいて日常生活世界とは、間主観的に構成され完全に覚醒した活動（working）の世界である。ならば、子どもの遊びの世界や美術や音楽の織りなす空間や宗教的儀式の領域などは、日常生活世界とどのように峻別されるのだろう。それらにおいても社会性は存在し、コミュニケーションは可能なのではないか。

シュッツの回答はこうである。「子供たちがゴッコ遊びの世界のなかで一緒に遊んでいる場合、われわれが或る美術品について、それを鑑賞している他の人と話し合っている場合、われわれが他者たちと同一の儀式に酔いしれている場合、それらいずれの場合にも、われわれはやはり、活動という性質をもった諸々の伝達行為を通して、活動の世界のなかで他者と結びついているのである。だがそれにもかかわらず、それぞれの場合の両当事者は、『日常生活世界』と呼ばれる限定的な意味領域から、遊びの領域、芸術の領域、宗教的シンボルの領域などへの跳躍を共になし終えている」（シュッツ 一九六二 訳七三）。

日常生活世界は意識の覚醒や社会性の高さなどを特徴とするが、それ以外の領域でコミュニケーションが不可能なわけではけっしてない。シュッツは間主観性の度合いが高く他の諸現実のベースとなる日常生活世界を至高現実と考えていたが、他の領域においても活発な活動が共同で為される場合がある。子どもの遊びも宗教的な祭儀も、もちろん社会性が横溢する活動の世界にほかならない。付言するならば、本書でシュッツの“working”という用語を「活動」と訳してきた理由は、まさにここにある。彼の“working”概念は、けっして遊戯などに対比される「仕事」や「労働」のことではなかった。それは人々が共同で行う自発的な行為一般のことであり、だからこそ遊びにしても芸術にしても宗教にしても大抵の場合“working”（＝活動）の世界ということになるのである。

それでは人間の行為のうち、コミュニケーションに基づく活動と言えるものとそうでないものとの間の境界はどこにあるのだろうか。シュッツの理論によれば、個人的な夢や幻想は活動の世界ではない。が、子どもの遊びや宗教的な祭儀は、人々がともにそこに移入していくのであれば、活動の世界と言うことができる。

ならば次のような例はどうだろう。ここに図書館の閲覧室でまどろんで夢を見ている若い女性がいる。そしてそのかたわらには彼女をじっと見守る恋人が……。もし、これまでのシュッツの議論を機械的に適用するなら、少なくとも彼女の方は活動の世界を生きてはおらず、二人の間にコミュニケーションは見られない、ということになってしまう。しかし、場面をここだけにかぎることなく、もう少し中期的に見るならば――すなわち、彼女が彼氏とともに入館し、なんとなくひとり寝入ってしまい、そして目覚めてにっこりと微笑む、という過程を想定する場合には――、彼らは確実にコミュニケートし、共同で社会的な世界を作り上げていると言うことができよう。多元的現実を独自の認知様式を持つ限定的な意味領域としてのみ個人主観的に捉えてしまうと、こうした社会性を的確に捉えることができない。そうなれば、個人間ならびに個人内において断片化した下位世界の数々が虚しく宙を舞うばかりだ。それでは問題だろう。

シュッツの理論において多元的現実を決める重要な規準は、あくまでも認知様式の違いであり、また意識の緊張度の落差であった。そして、相互行為に基づいて共同で作り上げられる活動の世界においては、基本的に、諸個人が同じ認知や意識の水準にあるということが仮定されている。しかしながら実際には、この図書館でのカップルの例や、あるいは遊びや祭の場で醒めている人（たち）の例などを思い浮かべればすぐにわかるように、異なる認知・意識のレヴェルにあっても相互行為ないしコミュニケーションは十分に可能だ。認知・意識が違っても社会性がそれなりに確保されるというのは、考えてみればよくある事態にちがいない。

認知や意識の問題にあまりに拘泥してしまえば、ロックのライヴや宗教の祭儀が活動の世界の典型となる一方、三人の職場で一人が働き一人がほんのいっとき白昼夢に耽り一人が居眠りをしている状態は活動の世界ではないということになってしまう。が、これは日常的な"working"（＝活動）の語感にあまりにも反していよう。日常的な感覚からすれば、様々な認知・意識の人々がいるこの種の職場は、共同性溢れる活動の場の典型にほかならない。

既にわれわれは第三章第二節で、多元的現実の各領域が、①共通の場のレヴェル、②共同主観のレヴェル、③個人主観のレヴェルで必ずしも一致するとはかぎらない、ということを見た。おそらくシュッツの多元的現実論における活動の世界は、①〜③全てに関して個人間の了解に齟齬が出ないような理想状態が想定されているのではないだろうか。つまり、固有の認知様式を有する限定的な意味領域のうち、すぐれて意識の緊張度が高く社会性に満ちているのが日常生活世界ということになるわけだが、そこにいるほとんど全ての人は基本的に同じ現実了解を持つ。そして、その日常生活世界から、皆がこぞって別の一つの領域へと「跳躍」すれば、その先もまた活動の世界だということになるのである。

四　日常性に取り囲まれた非日常性

しかしながら、日常生活世界以外にも高度なコミュニケーションが流通する活動の世界があるとするならば、日常生活世界を特徴づけるのは、素朴な自然的態度に基づき覚醒状態にあることくらいになってしまう。ところがここでさらに問題となるのは、こうした特徴は日常生活世界だけにしか見られないのか、ということである。

そもそもかつて聖俗の分節が明確な世界に住み、伝統的な宗教の誇る圧倒的な統合力に晒されていた人たちにとって、聖なる祭儀の領域に皆で「跳躍」するのはきわめて自然なことであり、そこにおける宗教体験も言わば自然的態度のもとに自明視されたものであった。「祭の場における日常性の逆転」が「望まれたというよりは強いられたものとしての性格を色濃く持っている」というのも（上野 一九七七一五二）、このことと密接に関連していよう。また、シュッツが共同の遊びの空間を活動の世界だと言ったのも、まさにそこが自然的態度に基づく相互行為に満ちた領域だからにちがいない。さらに、祭りにせよ遊びにせよ、そこでの意識の緊張度が日常生活世界でのそれに劣るとは一概には言いがたい、ということにもあらためて注意しておく必要がある。

してみると、覚醒した状態において皆がごく自然に振る舞っているような領域は全て日常生活世界だ、ということになる。赤信号も皆で渡ると怖くないのは、それが活動の世界での行いだからだ。授業中に居眠りという行為が可能なのも、当人が自然的態度のうちに、自らの居眠り行為が世界を滅ぼすことにならないことを知っているからにちがいない（ちなみにこれが世界を脅かすことになるような気がする人もいるわけだが、そうした人はけっして居眠りをしない）。あるいはまた僧侶の送る隠遁生活も、シュッツ流に言えば、日常生活世界に基礎を置く活動の世界、あるいは日常生活世界そのものだということになろう。

そしてここまでくると、およそあらゆる意味領域が日常生活（世界）たりうるということが明らかになる。シュッツが、総体としての現実を生活世界と称し、その中の一つである覚醒した共同の活動の世界を日常生活世界と呼ぶ、などといった明確な定義を試みなかったのは、日常生活世界が諸領域の一つであるということだけでなく、多くの領域が条件さえ整えば日常生活世界たりうるということや、それら諸領域の総体が日常生活世界と感得される場合がままあるということなどを的確に押さえていたからではなかろうか。シュッツの発想にできるだけ沿って議論するならば、個人的な夢や想像の世界は、たとえその「中身」が日常生活世界であるにせよ、けっして日常生活世界ではありえない。ところが、もし諸々の行為ないし領域が共同のものとなるならば、それは日常生活世界となりうる。そしてそうした領域の比重が相当に高い場合、その総体もまた日常生活世界の様相を呈することになろう。

日常生活世界が一つの限定された意味領域だということをシュッツが繰り返し強調しているのは、個人的な夢や幻想の世界をそこから排除するためにちがいない。が、よくよく考えてみると、純粋に個人的な行為というのは実はそうありふれたものではない。人間の振る舞いのほとんどは実際に共同のものであるか、あるいは共同のものになりえる。したがって、ごく小さな割合を示す純粋に個人的な領域は、社会性を持ちコミュニケーションの可能な日常生活世界に取り囲まれて存在するということになろう。そしてそれがゆえに、日常生活世界は一見、諸領域の総体のようにも見えるのである。

これを図示すれば図3のようになろう。シュッツは至高現実以外の限定された意味の領域――それは非日常性と言うことができる――を、日常生活世界の中に浮き上がる「飛び地」と考えた（シュッツ 一九六二 訳五七、七六）。シュッツの多元的現実論における日常生活世界は、厳密には個人的な夢や幻想などを取り除いた残りの共同的な世界（図3ではグレーの部分）を意味する。非日常性はその中に「飛び

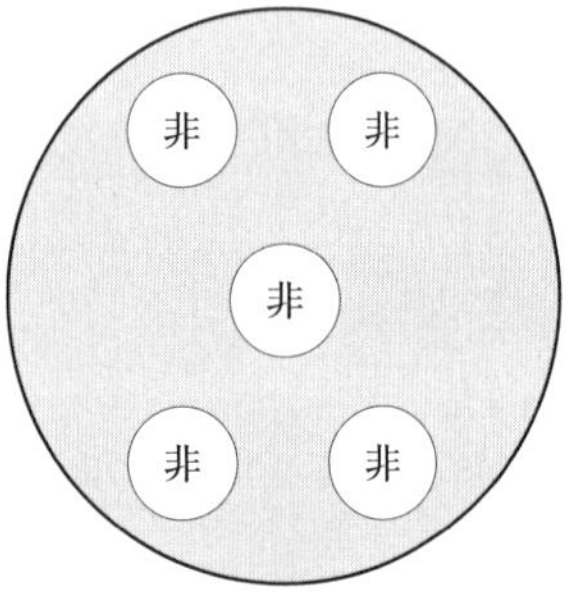

図3　日常性の中の非日常性

地」のように現出するものにほかならない。

しかし、ここで純粋に個人的な夢や幻想などの領域のみを非日常性と認めることは、日常性＝非日常性という区分を普通の生活者による基本的な分節として設定した本書の意図には適合しなくなってしまう。というのも、われわれの通常の感覚では、宗教的な祭儀やロックのライヴや大規模なパーティーなどといった共同の聖・遊・乱の世界も、あるいはまた赤信号を皆で渡るような集合的な逸脱行為も、いずれも社会的な非日常性として感得・体験されるからである。非日常性を個人的なものにだけ限定するわけにはいかない。日常性の中に浮かび上がる非日常性ということでは、個人的なものだけでなく社会的なものをも想定しておく必要があろう。

われわれが生きる現実とは、けっして平板なものでも一様なものでもない。そこでは、諸領域間を横切って様々な「跳躍」がなされる。しかしながらその一方で、とある一人の人が経験する現実は一つである、という言い方も可能だろう。シュッツは言う。「様々の限定的な意味領域とは、ただ単に、同一の意識が示す様々な緊張に対して与えられた名辞であるにすぎず、しかも様々に変様した注意が向けられるのは、出生から死滅に至るまで、まさしく分割されえない同一の生に対して、すなわち現世的な生に対してなのである」（シュッツ 一九六二 訳七二）。

個人の生に定位して見るならば、その一つの生の中には多様な日常性と非日常性がうごめいている。そしてその動的な過程の中で、非日常性はときとして日常化するし、逆に日常性が非日常に転じる場合も少なくない。が、そうしたダイナミックな変貌を遂げながらも、大抵の場合、生は同じ一つのものとして感得される。そして、この大きな意味での生もまた、総体としての日常生活世界と言うことができよう。つまり人は、一つの日常生活世界を生き切るということになる。ここでもまた、非日常性は大きな日常性という〝地〟の中に様々な〝図〟として浮かび上がるものなのだ。

では、この日常性と非日常性の分節は連続的なものなのか、それとも非連続的なものなのか。日常性と非日常性の境界が不安定で流動的なことに注目するなら、それは連続的と言うことができる。原理的に、この二つは地続きになっていると見ていいだろう。しかし、実際の生活において人は強烈に超越的な経験をすることがある。そうした際そこに現出する非日常性は、日常生活と連続したものとはとても考えられない。つまり日常性＝非日常性の分節は、領域間の「跳躍」が小さなときは連続的なものとして、またそれが大きなときには非連続的なものとして感得される

領域間「跳躍」と〝飽き〟

ライヴに行っても知っている曲を何も演奏してもらえなかったら、流れる音響の多くはツマラナイものに留まる。これを〝蒙昧《もうまい》〟と呼んでおこう。それでは淋しいので、当のアーティストがリリースしている曲をひたすら予習していたら、今度はあまりに聴き過ぎてしまって、当初は耳新しく聴こえたものが最後にはツマラナクなってきたりする。これが〝飽き〟だ。〝飽き〟とはすなわち、初めはポジティヴな緊張感を味わっていたのに、次第に当の活動の反復によってワクワク感が薄れ、その挙句、普段と同様の弛緩したムードがもたらされることにちがいない。ここでは、せっかくの非日常が日常と化してしまっている。けれどもそれを避けようとして、何の予習もせずにライヴ会場に赴いてしまったら、そこでは〝蒙昧〟が待ち受けていよう。周りの皆は文字どおり跳んだり躍動したりしているのに、自分だけは非日常に向かって有意な「跳躍」が遂げられないということ。これでは情けなさ過ぎる。跳びようにも跳べないのが〝蒙昧〟であるのに対して、跳び過ぎてしまって跳べなくなるのが〝飽き〟の状態にほかならない。つまり、当の活動を抑制し過ぎても行い過ぎても、いずれの場合も日常性から非日常性への素敵な「跳躍」は実現しないのである。ちなみに、これは音楽聴取の場合だけでなく、その他多くの活動に（例えばスポーツにも読書にも）当てはまることであろう。なお、音楽における〝飽き〟を一時的に回避するためにお勧めしたい実験は、すでに倦んでしまった曲を一・五倍くらいのスピードで演奏ないし再生して聴いてみることだ。そうすると、不思議と当初感じていた新鮮さが蘇ってくる。これは、知的な未来把持に若干の歯止めがかかることで、迫り来る音の新奇さ＝非日常性が増すからにちがいない。クラシックにおけるピリオド奏法の斬新さの大元も、意外とこんなところにあるのだが……。

わけである。

日常性と非日常性は、原理的には相対的な形で存立している。が、経験的にはこの二つの間に絶対的な懸隔が看取される場合も少なくない。日常性の中に浮き彫りになる非日常性について実証的な探究を行う際には、各領域それぞれの質的な諸特徴だけでなく、〝地〟と〝図〟のコントラストの如何にも大きな関心を払っておく必要があろう。

五　日常性の相対性と特別性

こうしてわれわれは、人々によって生きられる世界が同じ一つの生活であって、しかもそれが平板ではないということ、またその多元的現実の基本的な分節が日常性＝非日常性にあって、しかもそれが相互依存的で流動的なことを確認した。さらに、日常性と非日常性は相対的な存在でありながら、非日常性は日常性という大きな〝地〟の中に〝図〟として浮かび上がるものだ、ということも明らかになっている。日常生活世界は、限定された一つの意味領域でありながら、同時に一つの生活の総体、あるいは多元的な諸領域の総体でもあるのである。

では、どうしてわれわれはこうした生活や諸現実の総体を日常性と呼べても、非日常性とは呼べないのであろうか。その理由はいたって簡単である。全ての非日常性が消滅した日常性は考えられなくもないが、日常性の全くないところに非日常性はありえないからである。非日常性が生活の全てとなってしまえば、それは既にして日常なのだ。そこに起こっているのは、日常性と非日常性の逆転にほかならない。

例えば音楽を非日常的な体験として重視していた人が音楽の世界に耽溺し、やがて毎日が音楽だけの生活になると——プロの音楽家の多くは実際そうした状態にあるのだが——、今度はかつては日常的であった音楽以外の諸活動が非日常的なものとして体験されるようになる。単純化して図式的に言うならば、その閾値は五割というラインにあると言っていいかもしれない。つまり、特定の活動・状態・領域が生活の五割を越えれば、それは日常として感得されるようになる、というわけである。十割全てが非日常というのは、すなわち全部が日常というのに等しく、そこでは「跳躍」が全く起こらない。非日常的な刺激がなく涸れてしまった日常というのは、そういった状態のことを言うのであろう。

ただし、日常性＝非日常性なる分節にはこうした相対的な関係性が伏在するとは言え、その一方で、日常生活世界は他の非日常性領域とは質的に違って、共同性の水準が高いとされてきた点にも注意しておかなければなるまい。日常生活世界はすぐれて間主観的に構成されるものであり、社会の影響を強く受ける。いや、日常生

閾値
あるシステムに対して質的に大きな変動を引き起こすことになる刺激の最低量、すなわち限界値のこと。

活世界は社会そのものだと言っても過言ではあるまい。

たしかに非日常性の方も、ことに前近代社会においては社会性を強く具備しており――だからこそデュルケムは聖なるものを社会的なものと見なした――、また自ら基礎を置く日常性からの社会的な影響を強く受けてもいる。が、それでも非日常的な諸領域は日常生活世界とは異なり、社会性・共同性・コミュニケーションを磐石たる前提とはできないところがある。非日常性には個人的なものも少なくない。現代社会において〝自由な〟遊の世界がことさらに重視されるようになったのは、遊をはじめとする非日常性には社会による拘束を免れ易いものが存在しているからであろう。

これに対して日常生活世界は、共同性の程度が高く社会的な圧力も強いため、まさしく「労働」（working）の世界としての様相が色濃くなる。日常生活世界が至高現実と呼ばれるのはそのためだ。なるほど個人の意識の内部では、ドン・キホーテのように五割という閾値を越えることによって、日常性と非日常性が反転する場合がありえる。しかしそれでも、そうした人が社会の中でマジョリティにならないかぎり、社会的な日常生活世界は全く変わらないのである。

こうしたことに鑑みれば、いかに日常性と非日常性との関係が原理的に相対的とは言え、非日常性の中に日常性があると見なすよりは、日常性の中に非日常性が浮かび上がると考える方がはるかに適切ということになろう。ただ、ここであらためて注意しておきたいのは、先に議論したように、その非日常性の中にも社会性のそれなりに高いものがたくさんあるということだ。シュッツが個人的な非日常性について多く議論しているのは、それと日常生活世界とのコントラストを強調したかったからにちがいない。日常生活世界の社会性を際立たせる原理論の構築のため、ということで言えば、それは戦略的に有効な議論の運びと考えられよう。しかしながら、非日常性の深い探究を目指すならば、探究対象の非日常的な諸領野を個人的なものに限定してしまうのは、あまりにも狭隘な視座と言わざるをえない。非日常性それ自体に焦点を当てた分析度の高い研究を推進していくためには、個人的な非日常性だけでなく社会的なそれをも十分に視野のうちに収めておく必要があろう。

六　非日常性の存立構造

さて、以上の議論をもとに、ここでようやくわれわれなりの〝日常性の中の非日常性〟論をある程度整理した形で提示できる地点に立ち至った。図4に基づいて議論を進めてみよう。まずn人の個人がいるとすると、原理的には各人が自然的態度をもって当たり前のものとして依拠する〈自明領域〉がある。もし個人心理にのみ

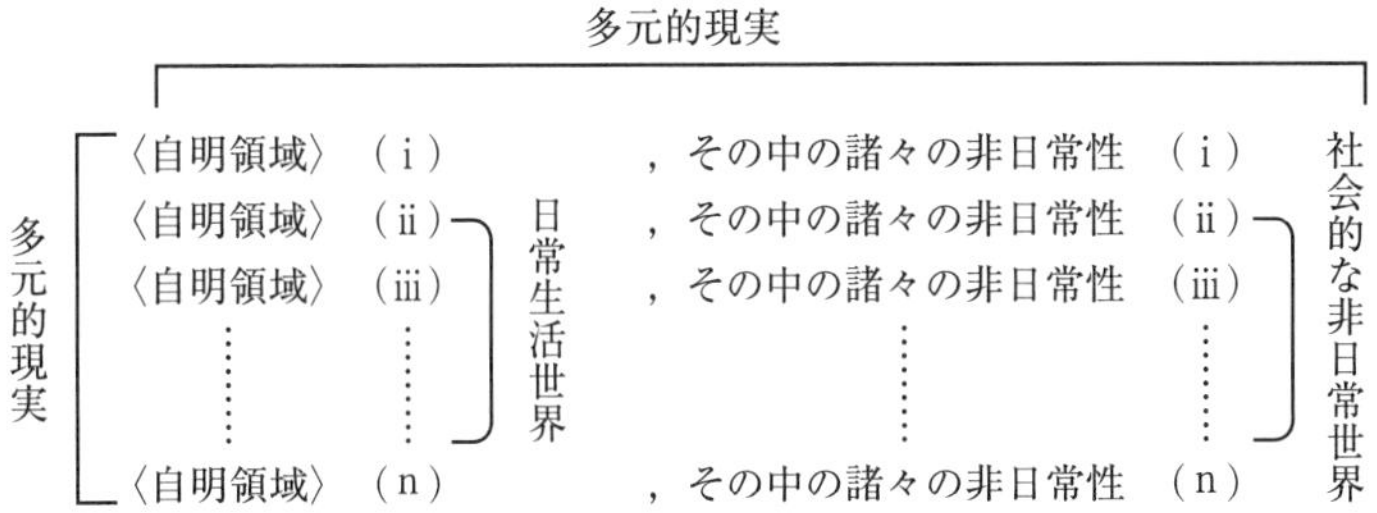

図４　非日常性の出現形態

定位するのであれば、これをｎ個の日常生活世界と呼んでも構わないが、ここではもちろん社会学的に（つまりはシュッツと同様に）、〃一般の人々〃がベースとする共有された一つの〈自明領域〉にかぎって日常生活世界と称することにしよう。

ｎ個の〈自明領域〉はそれぞれバラバラなのではなく、様々な程度の共有性を示す。そして、その中で最も共有度が高く単一なものとして観念される〈自明領域〉が、日常生活世界にほかならない。たしかにドン・キホーテが依拠した領域も、彼一人だけのものではなく、サンチョ・パンサなど特定の人によって（完璧ではもちろんないにせよ、ある程度は）共有されていた。しかもそれは、活動の世界としての性質を備えてもいる。しかしドン・キホーテが形作る世界は、〃一般の人々〃が自明とする領域とは明確に異なっている。日常生活世界の名に値するのは、やはり〃一般の人々〃によって共有されている方なのである。

次に、n人一人ひとりの〈自明領域〉の中には、それぞれの非日常性が浮かび上がる。夢や幻想など、純粋に個人的な非日常性の場合、それは個々別々に存在するということになろう。が、非日常性の中には〝一般の人々〟によって、あるいはそれより少ないにしてもある程度の人たちによって共有されるものがある。祭りや遊びはその典型であり、図4ではこれを社会的な非日常世界と呼んでおいた。それは日常生活世界から明確に区別される一方で、日常生活世界と同様、共同性を備えた活動の世界にはちがいなく、かなりの程度自明視された領域でもある。そして、共同性や自明性が顕著にうかがわれるからこそ、社会的な非日常世界は社会学の主要な探究対象たりうるということになるわけである。

ちなみに、ごく僅かな人々にしか共有されない〈自明領域〉の中にも、それなりの非日常性は浮かび上がる。「ドン・キホーテの私的下位宇宙の内にさえも、夢と想像の可能性、つまりは空想的想像の世界の内にひとつの空想的想像の世界」の可能性がある（シュッツ 一九六四 訳二〇五―二〇六）、ということにも注意しておこう。

さてここで、日常性＝非日常性なる分節を、日常生活世界とその他の世界との対比として捉えることにしよう。すると非日常性とは、日常生活世界の中に浮かび上がる諸々の非日常性のみならず、相対的に少数の人にしか共有されない〈自明領域〉をも含むことになる。われわれがドン・キホーテに出会ったときに感じる違和感や、異国の日常生活に接する際に覚える高揚感などは、普段とは異なる〈自明領域〉がもたらす非日常性感覚の典型にちがいない。

こうしてわれわれは、非日常性なるものを次の三種のものとして捉えることができる。

(i) 個人的な非日常性――各人の〈自明領域〉の中に立ち現れるもので、具体的には個人的な夢・白昼夢・幻想などがこれにあたる。

(ii) 社会的な非日常性――多くの人々によって共有された〈自明領域〉〈典型的には日常生活世界〉の中に現出するもので、宗教的祭儀・革命・パーティー・ライヴなどがこれに入る。ギュルヴィッチが革新や創造に導く集合的行為として注目した層に相当するのがこれ。

(iii) マイノリティの依拠する〈自明領域〉――日常生活世界とは異なる。ドン・キホーテの世界や、逸脱集団が自明視する世界などはその典型。

なお、この三つ目の特殊な〈自明領域〉のみ、一見したところでは日常生活世界の中ではなく、その外に立ち現れるように思われるかもしれない。しかしながらマジョリティとマイノリティの境界は流動的であり、そのため全ての〈自明領域〉は日常生活世界になる可能性を有している。また、ドン・キホーテにとっては日常性＝非日常性ないし現実＝非現実の分節が反転していることにも注目しよう。さらに、世界や社会がマジョリティのみによって成っているのではなく、マジョリティとマイノリティによって構成された総体だというのも言うまでもない。こうしたことに鑑みると、マイノリティの依拠する〈自明領域〉も〝地〟に対する〝図〟のようなものとなっていることがわかってくる。その意味で、これもまた日常性の中の非日常性の一つとして捉えられるべきものと言うことができよう。

われわれは日々の営みの中で、この世界を一つのものと見なしているが、この一つの世界とは、限定された意味の領域としての日常生活世界のことではない。それは、この狭義の日常生活世界とその他諸々の非日常性領域とを全て含んだ総体にほかならない。そして、その総体としての（つまりは広義の）日常生活世界の中では、聖・俗・遊・乱など様々な意味領域がダイナミックな関係を演じている。したがって、およそ人間的なるもの・社会的なるものを根源的に探究していくには、各種の非日常性の検討が不可欠なものとなろう。非日常性は人間・社会を支える根本なのである。

第七章

日常化した非日常性

非日常性とは日常生活の中に浮かび上がるものであり、それはいつの時代でも日常性を相対化し、日常生活世界を更新してきた。人は遊び・祭り・大騒ぎ・瞑想をはじめとする様々な非日常的体験によって、日常生活の意味を確認している。非日常性はときに日常性を脅かしもするが、同時に諸々の個人や社会の拠り所となっているのである。では、そうした非日常性は、今日どのような状況にあるのだろうか。この最終章では、第四章・第五章における世俗化の議論と、そして前章における非日常性の構造の議論を受け、非日常性の今日的変容について探っていく。

一　非日常性の日常化・多元化・私事化

かつて非日常性の代表格として人々の拠り所となり、大きな社会統合力を発揮していたのは宗教であった。けれども現代社会において、宗教にかつてほどの力はない。エリアーデは、戦争やフリー・セックスやマルクス主義などに形式的な意味での宗教性を認めながらも、それらは本来的な聖なるものとは違って人々を高みには導かないと言っているし（エリアーデ 一九五七 訳一九一―二〇四）、バーガーも、今日では世界に対する宗教的正当化作用は失われ、懐疑主義の時代が到来したと説いている（バーガー 一九六七 訳Ⅱ部）。それでは現代人は最早、生活を活性化する拠り所を持ちえないのであろうか。われわれは、ノモスを支えるコスモスの崩壊によって、深甚な意味世界の危機に直面しているのであろうか。

これを論じるにあたって注意しなければならないのは、宗教が人々の意味世界の守護の役割を担うのは一概にいいこととも悪いこととも言えない、ということである。世界に意味を与え人々に連帯をもたらす機能が宗教から剝落していったというのは、人々が宗教に拠り所を求められなくなったということとともに、人々が宗教から解き放たれたということをも意味する。非日常性には宗教をはじめとして様々なものがあるが、その一つひとつが至高のものかどうかを安直に判断するわけにはいかない。宗教現象を歴史的に振り返ったとき、そこには諸個人を至福に導く崇高な力だけでなく、人々を殺戮する残虐な可能性も大いに認められよう。

したがって、現代における宗教の力の衰微を嘆くのが、ここでのわれわれの課題なのではない。今日宗教が衰退しきってしまったのかどうか、あるいは現代社会における様々な非日常性が本当に至高のものなのかどうか、などといった関心は脇に置いておこう。それよりもはるかに重要なのは、現代社会において日常性を正当化する役割を担う非日常性はあるのかどうか、という問題である。宗教が広範囲でこの機能を果たしえなくなってしまったことについては、世俗化現象を探究する全ての論者の認めるところだろう。では、それに代わる何かがあって、同様の機能を発揮しているのであろうか。

宗教がいかに現代的展開を遂げたからとて、現代において非日常性が消滅してしまったと見るのは誤りだろう。既に指摘したように、非合理性ないし非日常性を最も強くしりぞけたかに見える科学技術にせよ、単独では存立することができず、その外にある——つまり当該の科学技術にとっては超越的な——諸々の制度・組織・集団による影響を大きく被っているというのが実情だ。また、科学技術それ自体、諸々の制度・組織・集団にとって超越的な拠り所となる場合が少なくない。つまり、個人主体も集合体主体も、自らの外側にある有意味な他者や集団・組織・制度を、あるいは科学技術・経済合理性・法的正当性などといったものを大いに頼りにしつつ、自身の意味世界の維持・更新に努めているのである。

デュルケムが指摘するように、「すべての祝祭は、その起源からすれば、まったく世俗的であるときでさえ、宗教的祭儀のいくつかの特色をもっている」(デュルケム 一九一二 訳〈下〉二六三)。世界に意味を与え人々に連帯をもたらすものは、宗教ばかりとはかぎらない。宗教以外の諸々の非日常性もまた、同様の機能を果たしてきたものと考えられる。そして非日常が日常を支えるという一般的な事態は、今日でも随所で確認できるだろう。

しかし現代社会において、そうした非日常性は非常に日常化したものとなってしまった。祝祭、パーティー、ライヴ、スポーツ、ゲーム、旅行など、今日的な非日常性は日常性に密着したものが多い。これらは主として〝遊〟領域関連のものだが、〝聖〟領域関係でも初詣やクリスマスなど、やはり日常化した非日常性が多く目立つようになってきた。さらに、前掲の科学技術・経済合理性・法的正当性などは、〝俗〟＝日常性とほぼ同じところに位置している。

そして、このように日常化した非日常性は、諸個人ごとに数多く存在し、それゆえ共有度が非常に低い。かつて宗教が一つの大きな非日常領域を画し、それが多くの人々を覆っていたのとは違って、今日では様々に分解した非日常性が多数、日常性の中に浮かび上がっている。世俗化現象についての研究者の共通の了解は、宗教が多元化し、また私事化したということであったが、これは宗教のみにかぎられることではない。現代社会においては、およそあらゆる非日常性が多元化・私事化してしまっているのである。

それでは今日、人々は拠り所を失い、規範喪失の状態に陥ってしまっているのであろうか。そうではあるまい。現代においても諸個人は自らを超越する各種の非日常性に――例えば趣味や個人化した宗教や有意味な他者や準拠集団などに――拠り所を見いだしている。

ウェーバーは、文化発展の最後の人々にとっての真理として、次なる一文を掲げた。「精神のない専門人、心情のない享楽人。この無のものは、かつて達せられたことのない人間性の段階にまですでに登りつめた、と自惚れるのだ」（ウェーバー一九〇四―一九〇五　訳〈下〉二四六―二四七）。この有名な言葉は、社会学の世界に遍《あまね》く浸透している。しかし現代人は、幸か不幸かそのように自惚れることのできる段階には至っていないように思われる。なぜなら、多くの人々は自らにとっての精神的な拠り所を強く希求し、そしてそれを日常化・多元化・私事化した様々な非日常性に見いだしているからである。

二　非日常性嗜癖と日常性圧力

それでは、現代人の拠り所となるべき非日常性と昔日のそれとの違いを整理する

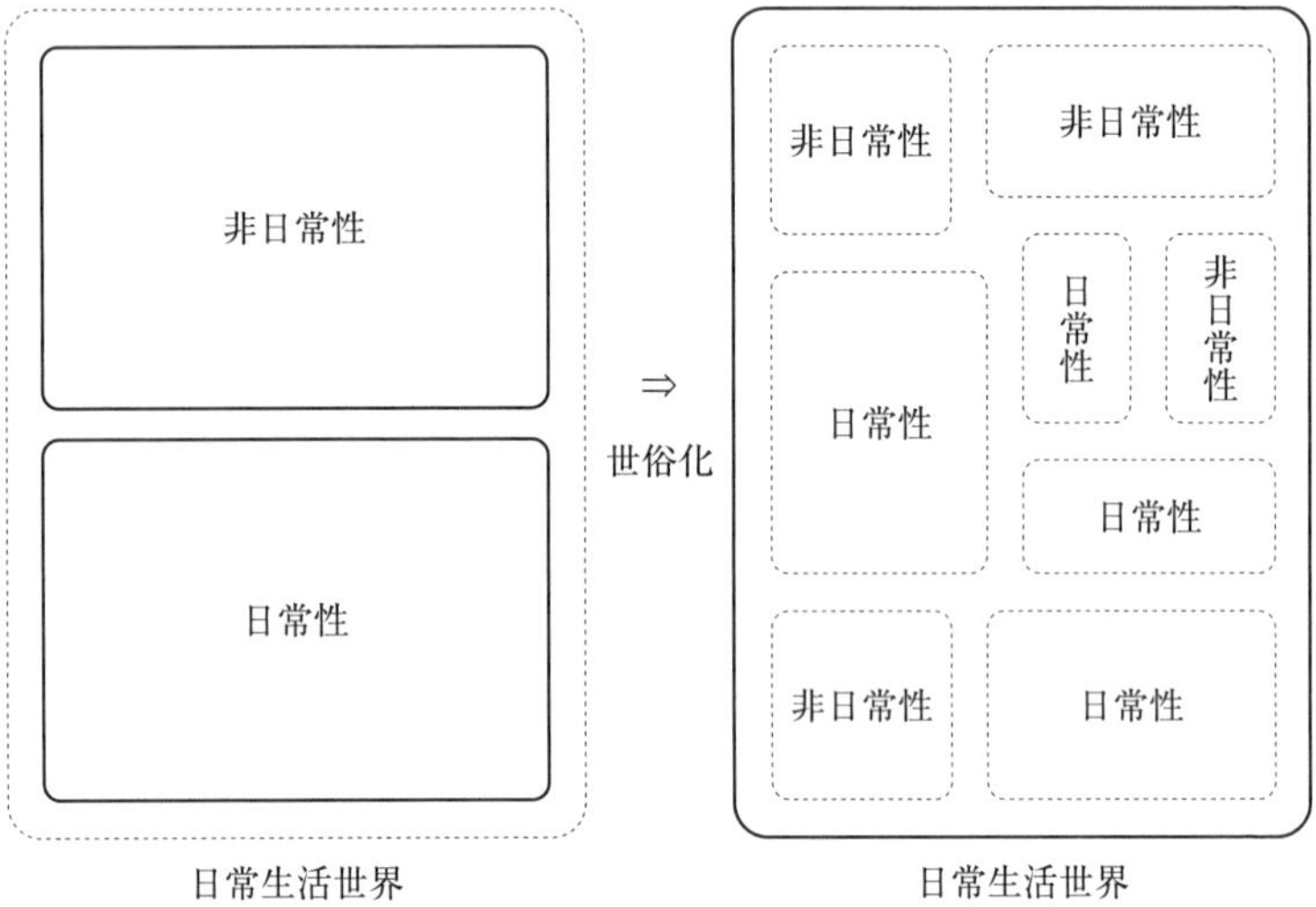

図5　世俗化に伴う非日常性の変容

と、どのようになるであろうか。図5を見ながら考えていこう。なお、図5の大枠で「日常生活世界」とあるのは、もちろん諸領域の総体としてのそれのことである。ただ、以下では便宜上（ただ便宜的な理由からだけ）、この総体のことを「生活世界」と縮めて呼んでおこう。

かつて聖俗の分離が大変に明確であり、宗教が大きな社会統合力を発揮していた時代（ベラーの言う有史・初期近代宗教の段階）、日常性と非日常性は生活世界の中にきわめて明確な形で立ち現れ、その間の境界は非常にはっきりしていた。そして、この境界を越えるには大きな「跳躍」が必要であり、それは専ら既成宗教をはじめとする制度的な力を借りてなされていた。しかし、いくら生活世界の中で非日常性つまり聖なる領域へと大きく「跳躍」しようと、人はけっして超越的なものと同一化することはない。この時代、聖なるものはあくまでもこの世の外に想定されていた。

これに対して現代になると（ベラーの言う現代宗教の段階に至れば）、非日常性は聖なるもの以外にも数多く存在するようになった。そして、そこへの移行は多くの場合、非常に軽い日常化した「跳躍」によってなされている。今日、私事化された宗教をはじめとする様々な非日常性は、いつでもどこでも手に入る（そして遺棄もできる）非常に手軽なものとなったのである。

ところで図5では、生活世界全体の外枠が破線から実線へと変化しているが、これは生活世界そのものが俗化ないし日常化したことを表している。社会的・共同主観的観点からするならば、生活世界総体がきわめて日常的なものとして自律的に展開するようになった、というわけである。もちろんここで生活世界総体の自律性とは言っても、それが内部の様々な非日常性によって支えられている、というのもまた事実だ。しかしながらそこでの非日常性は、日常化・多元化・私事化したものに過ぎない。非日常性の力は、かつてと比べて相当に小さなものとなった。そしてその結果今日では、いきおい日常性ばかりが――限定された意味領域としても諸領域の総体としても――浮き彫りになってしまったのである。

他方、これを個人的・主観的観点に落とし込んで見てみるならば、近代化に伴って各人によって生きられる世界の殻が硬くなった、と言うことができよう。世俗化のさらなる進展によって日常性＝非日常性の分節が流動化・曖昧化すると、生活世界は日常性ならびに日常化した非日常性によって――つまりはほぼ日常に近い事柄によってのみ――構成されている、ということになる。そしてその結果、生活の殻は硬くならざるをえず、各人の関心の多くは自らの日常性の維持・更新ばかりに注がれるようになった。これこそ、日常性＝非日常性の視角から捉えた個人主義化の実相にほかならない。

さらに、この全体的な殻の硬直化は、個人主体の場合だけでなく集合体主体においても同様に進行している。諸々の集団や組織がそれぞれ自律して存在しているように見えるのは、それらが一つないし少数の確固たる非日常性（典型的には宗教）から解放され、自らが依拠する非日常性を自身で自由に選び取ることができるようになったからだ。つまりここでは、個人主義化ならぬ当該集団化・当該組織化とでも言うべき事態が展開している、ということになろう。

そしてこのようになってくると、諸々の非日常の希求はかえって嗜癖的に昂進する場合が少なくない。一見、自身で自らを支えきっているように見える日常性も、実は何らかの外的な拠り所を必要としている。しかしながらその拠り所は、非常に身近な日常化した非日常性の数々にしか見いだすことができない。そして、そうした今日的な非日常性は日常性からの距離が足りず、したがって元々日常性を正当化する権能に不足しているばかりか、簡単に費消され、すぐさまその力を失ってしまう。そこで各々の主体は、ともすると次から次へと新しい非日常性を求めてさまようことになるのである。超越性というよりは単なる享楽が、また精神性というよりは単なる心理的な支えが、非常に浅薄な形で追求され、しばらくすると打ち棄てられ、またすぐに同様のものが別に求められ……というのは、現代人にしばしば看取される嗜癖的なプロセスにちがいない。

こうした事態が現出したのは、絶対的・超越的な聖なるものが後景にしりぞいていったことによっている。これによって人々は、日常化した非日常性の数々を自身で簡単に選び取ることができるようになった。つまり非日常性は、近代的な言い方をするならば自由化・民主化され、さらに現代的な言い方をすれば規制緩和・民営化されたというわけである。これはもちろん、一つの解放にほかならない。聖なるものの有する強大な社会統合機能が失われたことで、諸個人は聖なるもの＝非日常性の社会的拘束から解き放たれ、様々な非日常性に関して自律的な選択権を手に入れることとなった。

ところが興味深いことに、あるいはむしろ当然のことと言うべきか、世俗化によって〝日常性に対する〟社会的圧力は激減したものの、〝日常性における〟それは減衰しなかった。いや、それはむしろ増大したと言った方がいい。かつて貧・病・争などの現象に関しては、非日常性によって有意な解釈・介入・調停・解決が試みられていた。けれども、その非日常性それ自体の共有度が著しく低減した今日では、こうした大問題は専ら日常生活の中でのみ対処されなければならなくなったのである。しかも、コミュニケーション技術の発展などに伴い、この日常生活はますます統一的に見えるようになっている。もちろん、これまで論じてきたように日常生活世界においても諸個人の意識の水準には様々なヴァリエーションがあるわけだが、その一方、全体として〝世界は一つ〟と見なす感覚や了解は、グローバリゼーションの進展とも相俟って相当に高まっていると見ていいだろう。

こうして日常生活世界それ自体の有する社会的圧力は、かつてないほど強いものとして人々の上にのしかかってくる。もちろん人々は、こうした堅固な日常生活の中にあって、それでも比較的容易に様々な非日常領域へと「跳躍」することができよう。しかしながら、今日的な非日常性の数々が元々かなり日常的であり、また簡単に一層の日常化を遂げてしまうということについては、既に見てきたとおりだ。

原理主義　聖典をもとにし根本教理を重視する保守回帰的な宗教運動のこと。キリスト教・イスラム教・ヒンドゥー教などの一部に見られる現代的な動向。

人々は今日、非日常性の有していた強大な社会的圧力から解放され、自らの非日常性を自律的に選択できるようになったことに、大いなる自由を感じているかもしれない。しかしながら他方、現代人はときとして、超越的・非日常的な価値が多元化・相対化したことに不安を感じ、また日常的な世界が社会的な圧力を一元的にかけてくるのに閉塞感を覚える。現代社会が価値観が多様化した社会だと言われ、また同時に一次元的な社会だと言われるのは、まさに非日常性が多元化・私事化するとともに、日常性・非日常性を包含する日常生活世界全体の殻が硬くなっていることの表れなのである（図5の右側）。

それでは今後、日常性と非日常性との関係はどのようになっていくのであろうか。非日常性は再び社会統合力を回復するのか、それとも日常性の社会的圧力はさらに増大を続けるのか。世界各地で噴出する原理主義的な流れ（再聖化の動向）、およびそれとは正反対の経済グローバリゼーションの流れに目を向ければ、日常性と非日常性の関係の現状と今後を見極めるのがいかに難しいかがわかる。しかし、いつの時代でも非日常は日常を維持・刷新してきたし、これからもそうだろうということ、ならびにこの二つのありようが時代とともに大きく変わってきており、しかもそれが社会のあり方と密接に関連しているということに鑑みれば、日常性＝非日常性なる分節の探究は、難しいながらも大変に重要な営みであり続けると言うことができよう。そしてその探究は、もちろん研究者のみならず生活者一般に開かれている。

おわりに

この早稲田社会学ブックレット・シリーズの最初を飾った本、大久保孝治『日常生活の社会学』（学文社、二〇〇八年）の最後には、「あらゆる価値のイデオロギー性や相対性を認識しつつも『これを信じて生きていこう』と信じられるものを自分で選び取ることが大切である」と記されている。本書では、まさにこの究極的な信念のありかについて、それなりの考究を行ったつもりでいる。その意味でこの『非日常性の社会学』は、（勝手なものの言い方で恐縮だが）『日常生活の社会学』の延長線上にある。

ところで、前著『〈普通〉という希望』（青弓社、二〇〇九年）の「あとがき」では、公刊される書物において私的な謝辞等を書いてしまうことの問題について触れた。が、ここでは、まずは最後までお読みいただいた皆さまに対して公的に心より御礼申し上げたうえで、あとは私的な事柄のみを書き連ねるのを何卒お許しいただきたい。

本書は実は恥ずかしながら、一九八四年の晩秋に執筆した卒業論文をベースとしている（いや、ここだけの話、ほぼ卒論そのものと言ってもいいくらいである）。指導してくださったのは吉田民人先生。先生独自の「聖・俗・遊・空・乱」という五元的現実論を「社会学原論」の講義で聴いて感銘を受けたのは、その前年の七月四日のことだった。それから四半世紀が経った二〇〇九年の秋、かつての卒論の手書き原稿を電子ファイルに直している際に入ってきたのが、吉田先生の訃報である。いかにも先生らしく、誰にも言わず、静かに逝ってしまわれた。学恩の数々に深く御礼申し上げ、そして心よりご冥福をお祈りしたい。こういった場でこの種のことを記すのに、先生は抵抗されるにちがいないのだが、そこは何とか苦笑程度に留めておいていただければと思う。想えば吉田先生は、とても寛容な方だった。

そしてこの卒論執筆の際に、様々なアドヴァイスをしてくださったのが吉田ゼミの先輩の芳賀学さんである。本書の半分くらいは芳賀さんのご指導の賜物だし、四分の一くらいは芳賀さんのアイディアかもしれない。芳賀さん、すみません。そしてありがとうございます。

また、大学院のとき芳賀さんに勧められて門を叩いた宗教社会学の島薗ゼミは非常に刺激的で、かつとても雰囲気がよく、以来、島薗進先生には大変にお世話になっている。あらためて心から謝意を表する次第である。

さらに、本書の成立に関して直接的に大きなご恩を頂戴しているのが、那須壽先生。神保町の洋書屋さんで「多元的現実論」の入ったシュッツの本に出会って、これを即座に購入したのは大学三年生のときだったが、那須先生たちによる翻訳の刊行は、この「多元的現実論」の入った部分に関しては、残念ながら当方の卒論執筆に間に合わなかった。けれどもその後、幸いなことに、シュッツ研究の第一人者である那須先生と同じ職場に縁あって入ることになり、本書に関しては厚かましくもご批正をお願いし、草稿をご覧いただく栄に浴した。電子ファイル三ページに及ぶ内容のきわめて濃い刺激的なコメントを頂戴したのは贅沢としか言うほかなく、厚く御礼申し上げたい。四半世紀ぶりに卒論の再審査を受けている気分で、非常に感慨深い。お蔭でいくつもの大きな誤りを正すことができた。

早稲田社会学ということでは、やはり二〇年以上前、吉田先生に佐藤慶幸先生をご紹介いただき、以来、佐藤先生には大変にお世話になっている。また、ブックレット執筆に関し、長田攻一先生・大久保孝治先生・嶋﨑尚子先生からは幾度も励ましの言葉をいただいた。そして、実際にこの本が日の目を見るのは、学文社の田中千津子社長・編集部のスタッフの皆様によるご尽力の賜物である。さらに、本書というだけでなく普段から社会学的想像力を鍛錬するにあたって、早稲田の先輩・同僚の先生方、そして井上俊先生、今田高俊先生、友枝敏雄先生、佐藤郁哉先生、園田茂人先生、その他多くの先生方に様々なご指導を頂戴している。あわせて深甚なる謝意を表したい。

最後になったが、普段接している学生さんたちからも大きな刺激を受けており、それが本書刊行の大きな原動力となった。どうもありがとう。学生さんにかぎらず皆さま方には、今後ともこの早稲田社会学ブックレット・シリーズの本をたくさんお読みいただければ幸いである。

山田　真茂留

二〇一〇年九月

〈参考文献〉（著者姓五十音順／なお引用にあたり訳語を変更した部分がある）

青井和夫（一九八〇）『小集団の社会学』東京大学出版会
井門富二夫（一九七四）『神殺しの時代』日本経済新聞社
井上俊（一九七五）「価値と制度――聖俗理論をめぐって――」浜島朗編『社会学講座2 社会学理論』東京大学出版会
井上順孝（一九九六）『新宗教の解読』ちくま学芸文庫
ウィルソン・B（一九七六＝井門富二夫・中野毅訳 一九七九）『現代宗教の変容』ヨルダン社
上野千鶴子（一九七七）「カオス・コスモス・ノモス――聖俗理論の展開――」『思想』六四〇
ウェーバー・M（一九〇四―一九〇五＝梶山力・大塚久雄訳 一九五五・一九六二）『プロテスタンティズムの倫理と資本主義の精神』岩波文庫
ウェーバー・M（一九一九＝尾高邦雄訳 一九三六）『職業としての学問』岩波文庫
ウェーバー・M（一九二〇＝大塚久雄・生松敬三訳 一九七二）「世界宗教の経済倫理 中間考察」『宗教社会学論選』みすず書房
江原由美子（一九七九）「生きられる世界の解体と再編――多元的リアリティへの一視角――」『社会学評論』一一七
エリアーデ・M（一九五七＝風間敏夫訳 一九六九）『聖と俗――宗教的なるものの本質について――』法政大学出版局

カイヨワ・R（一九五八＝多田道太郎・塚崎幹夫訳　一九七三）『遊びと人間』（増補改訂版）講談社文庫
キタガワ・J（一九六七＝堀一郎監訳　一九七〇）「未開宗教、古典的宗教、ならびに近代世界の諸宗教――宗教学理解をめぐる一観点――」『現代の宗教学』東京大学出版会
木村洋二（一九八三）『笑いの社会学』世界思想社
ギュルヴィッチ・G（一九五〇＝寿里茂訳　一九七〇）『社会学の現代的課題』青木書店
島薗進（一九九二）『現代救済宗教論』青弓社
シュッツ・A（一九六二＝渡部光・那須壽・西原和久訳　一九八五）『社会的現実の問題［Ⅱ］』マルジュ社
シュッツ・A（一九六四＝渡部光・那須壽・西原和久訳　一九九一）『社会理論の研究』マルジュ社
竹内芳郎（一九八一）『文化の理論のために』岩波書店
ターナー・V（一九六九＝冨倉光雄訳　一九七六）『儀礼の過程』思索社
チクセントミハイ・M（一九七五＝今村浩明訳　二〇〇〇）『楽しみの社会学』新思索社
デメラス・N他編（一九九八）N. J. Demerath III et al. (eds.). *Sacred Companies*. Oxford University Press.
デュルケム・É（一九一二＝古野清人訳　一九七五）『宗教生活の原初形態』岩波文庫
那須壽（一九九七）『現象学的社会学への道――開かれた地平を索めて――』恒星社厚生閣
バーガー・P（一九六七＝薗田稔訳　一九七九）『聖なる天蓋――神聖世界の社会学――』

新曜社
ベラー・R（一九七〇＝河合秀和訳　一九七三）『社会変革と宗教倫理』未来社
望月哲也（一九八二）「聖俗世界への解釈視角――〈宗教的世界〉把握における多元的現実視角の検討――」宗教社会学研究会編『宗教・その日常性と非日常性』雄山閣
山口昌男（一九七五）『文化と両義性』岩波書店
ヤング・L編（一九九七）L. A. Young (ed.), *Rational Choice Theory and Religion*. Routledge.
ルックマン・T（一九六七＝赤池憲昭、ヤン・スィンゲドー訳　一九七六）『見えない宗教――現代宗教社会学入門――』ヨルダン社

早稲田社会学ブックレット出版企画について

社会主義思想を背景に社会再組織化を目指す学問の場として一九〇三年に結成された早稲田社会学会は、戦時統制下で衰退を余儀なくされる。戦後日本の復興期に新たに自由な気風のもとで「早大社会学会」が設立され、戦後日本社会学の発展に貢献すべく希望をもってその活動を開始した。爾来、同学会は、戦後の急激な社会変動を経験するなかで、地道な実証研究、社会学理論研究の両面において、早稲田大学をはじめ多くの大学で活躍する社会学者を多数輩出してきた。一九九〇年に、門戸を広げるべく、改めて「早稲田社会学会」という名称のもとに再組織されるが、その歴史は戦後に限定しても優に半世紀を超える。

新世紀に入りほぼ十年を迎えようとする今日、社会の液状化、個人化、グローバリゼーションなど、社会の存立条件や社会学それ自体の枠組みについての根底からの問い直しを迫る事態が生じている一方、地道なデータ収集と分析に基づきつつ豊かな社会学的想像力を必要とする理論化作業、社会問題へのより実践的なかかわりへの要請も強まっている。早稲田社会学ブックレットは、意欲的な取り組みを続ける早稲田社会学会の会員が中心となり、以上のような今日の社会学の現状と背景を見据え、「社会学のポテンシャル」「現代社会学のトピックス」「社会調査のリテラシー」の三つを柱として、今日の社会学についての斬新な観点を提示しつつ、社会学的なものの見方と研究方法、今後の課題などについて実践的な視点からわかりやすく解説することを目指すシリーズとして企画された。多くの大学生、行政、一般の人びとに広く読んでいただけるものとなることを念じている。

二〇〇八年二月一〇日

早稲田社会学ブックレット編集委員会

山田真茂留（やまだ・まもる）
一九六二年生まれ。早稲田大学文学学術院教授。

主な著書
『制度と文化——組織を動かす見えない力』（共著）日本経済新聞社、二〇〇四年、『21世紀の社会学』（共編著）放送大学教育振興会、二〇〇五年、『信頼社会のゆくえ——価値観調査に見る日本人の自画像』（共編著）ハーベスト社、二〇〇七年、『Do! ソシオロジー——現代日本を社会学で診る』（共編著）有斐閣、二〇〇七年、『〈普通〉という希望』青弓社、二〇〇九年。